定位经典丛书
对美国营销影响巨大的观念

# 视觉锤

(珍藏版)

**Visual Hammer**

[美] 劳拉·里斯(Laura Ries) 著

寿雯 ◎ 译

机械工业出版社
CHINA MACHINE PRESS

## 图书在版编目（CIP）数据

视觉锤（珍藏版）/（美）劳拉·里斯（Laura Ries）著；寿雯译. —北京：机械工业出版社，2020.10（2023.11 重印）

（定位经典丛书）

书名原文：Visual Hammer

ISBN 978-7-111-66563-2

I. 视… II.① 劳… ② 寿… III. 视觉形象－应用－品牌营销 IV. F713.50

中国版本图书馆 CIP 数据核字（2020）第 232163 号

北京市版权局著作权合同登记　图字：01-2012-7808 号。

Laura Ries. Visual Hammer.

Copyright © 2012 by Laura Ries.

Simplified Chinese Translation Copyright © 2021 by China Machine Press. This edition is authorized for sale in the People's Republic of China only, excluding Hong Kong, Macao SAR and Taiwan.

Simplified Chinese Translation rights arranged with Laura Ries through Ries & Ries & Chuang & Wong Branding Consulting.

No part of this book may be reproduced or transmitted in any form or by any means, electronic or mechanical, including photocopying, recording or any information storage and retrieval system, without permission, in writing, from the publisher.

All rights reserved.

本书中文简体字版由劳拉·里斯通过上海里斯和张王企业管理咨询有限公司授权机械工业出版社在中国大陆地区（不包括香港、澳门特别行政区及台湾地区）独家出版发行。未经出版者书面许可，不得以任何方式抄袭、复制或节录本书中的任何部分。

## 视觉锤（珍藏版）

出版发行：机械工业出版社（北京市西城区百万庄大街 22 号　邮政编码：100037）

责任编辑：刘　静　　　　　　　　　　责任校对：李秋荣

印　　刷：北京瑞禾彩色印刷有限公司　版　　次：2023 年 11 月第 1 版第 10 次印刷

开　　本：170mm×240mm　1/16　　　印　　张：13.5

书　　号：ISBN 978-7-111-66563-2　　定　　价：69.00 元

客服电话：(010) 88361066　68326294

版权所有·侵权必究
封底无防伪标均为盗版

目录

总　　序

推 荐 序

代　　序

第 1 章　锤子 HAMMER: Its astonishing power
　　　　惊人的力量　//1

第 2 章　钉子 NAIL: The ultimate objective
　　　　终极目标　//13

第 3 章　形状 SHAPE: Simple is best
　　　　简单的就是最好的　//23

第 4 章　颜色 COLOR: Be the opposite
　　　　对立　//35

第 5 章　产品 PRODUCT: The ideal hammer
　　　　完美的锤子　//57

第 6 章　包装 PACKAGE: Make it different
　　　　做得不同　//73

第 7 章　动态 ACTION: More effective than stills
　　　　比静态更有效　//85

第 8 章　创始人 FOUNDER: Natural-born hammers
　　　　天生的锤子　//93

第 9 章　符号 SYMBOL: Visualizing the invisible
　　　　将无形视觉化　//111

第 10 章　名人 CELEBRITY: Pros & cons
　　　　双刃剑　//125

第 11 章　动物 ANIMAL: Anthropopathy works
　　　　把动物人格化　//139

第 12 章　传承 HERITAGE: Putting the past to work
　　　　让历史发挥作用　//161

第 13 章　你的锤子 YOUR HAMMER: How to find one
　　　　如何找到一个视觉锤　//173

附录 A　定位思想应用　//184

附录 B　企业家感言　//187

总序

## 品类的诞生与战略的终结

### "历史的终结"概念

近100年,关于"战略"的新理论和新概念层出不穷,每过5～10年,就会出新,但是其中大多数用不了几年又消失得无影无踪。我们应该思考一个问题:在这些变化当中,有什么是永恒不变的。换句话说,关于战略,不变的是什么?如果把握住了这个,我们就可以应对任何变化,做到"以不变,应万变"。

德国伟大的哲学家黑格尔(G. W. F. Hegel)曾经提出过一个非常有名的哲学概念,叫作"历史的终结"。他的主要观点是,哲学层面的历史和我们一般认为的历史不同。我们一般认为的历史是指已经发生的"大事件",1000年前、100年前、10年前发生了什么大事件,这就是历史,从这个意义上讲,"历史"将永远延续。但黑格尔所说的哲学层面的"历史"是整个人类经验和意识形态的总和,从这个意义上讲,人类一定会抵达一个终点,当这个终点明确了,就是哲学层面的"历史的终结"。

这个终点是什么？如何找到这个哲学层面的历史终点？黑格尔认为，要找到人类的终点，必须找到推动人类历史发展的根本动力。我们一般认为，人是一种经济动物，大家都想活下来，是为了生存而战。黑格尔并不是这样认为，他指出人类和动物最大的区别就在于，人类会为了名誉而战，会为了得到认可不惜牺牲生命，动物会为了一块肉而战，赢了就吃，败了就逃。

黑格尔深刻地指出：人类历史的发展，最根本的推动力并非经济，而是心理，是人类希望"被承认"的心理。他认为，当法国大革命发生的时候，人类已经找到这个终点，就是"民主和自由"。民主和自由就是人类历史发展的终点，因为它们可以让每个人得到认可。所以人类社会一定会向民主和自由的阶段发展，这是必然的。因此，黑格尔认为，在哲学层面，人类的历史已经终结了，剩下的只是实践。虽然今天人类尚未抵达这个终点，但人类已经找到了它。

历史已经证明了黑格尔的判断，在过去100年，甚至过去30年，全世界民主和自由的政体由30多个增加到70多个。在全世界，无论是不是民主和自由的国家，它宣传的肯定是民主和自由。这说明民主和自由满足了人类根本的心理需求。

**战略是否存在"历史的终结"**

随着时间的推移，不断涌现出很多新的战略概念和理论，那么在商业领域是否同样存在一个终极的战略呢？

50年前，里斯先生和特劳特先生提出了定位观念。定位最大的贡献就是在商业史上指出了营销竞争的终极战场不是工厂，不是市场，而是心智。怎么占领这个终极战场呢？就像黑格尔已经找到了驱动人类历史发展的是心理，是"被承认"的心理。那么，还需要找到如何才能满足这个"被承认"的心理的答案。

里斯先生和他的伙伴们用了60年的时间，在商业实践中不断寻找这个答案。在定位诞生之后的28年里，他们研究的核心主题就是如何占领终极战场，如何占据消费者的心智。他们最初在《定位》中提出三种定位方法：领导者定位、关联定位、给竞争对手重新定位，然后又在《商战》中给出营销战的四种战略模型。这些经典著作是在一步一步前进的实践过程中形成的，越来越靠近终点。

其中，《聚焦》这本书绝对具有里程碑意义。聚焦是战略里最基本、最核心，也是最难实践的概念。聚焦对外形成"专家"认知，具有认知优势；对内推动取舍，不做什么比做什么更重要，形成资源优势。从某种意义上，它最靠近战略的"终点"，但距离"终点"仍然有一小段距离。

很多企业家都认同聚焦，都意识到了聚焦的战略价值，同时，也都认为自己的企业很聚焦。这就引出一个问题：聚焦的"度"是什么？以老板电器为例，他们认为"厨电"已经很聚焦了，"白电"已经很聚焦了，"家电"已经很聚焦了，那么，聚焦的"度"到底是什么呢？

**聚焦的"度"：品类**

12年前，里斯先生和劳拉女士合著了《品牌的起源》，书中首次系统地提出品类的概念，指出建立品牌最佳的做法，就是开创并主导一个品类。里斯先生认为，这是企业实现其唯一目的——创造顾客——的最佳战略。当品类这个概念提出来之后，关于商业战略的历史就已经结束了，我们不用再去找下一个新概念。"开创并主导一个品类"是所有商业战略的核心,同时,它也为聚焦提供了一个更清晰的"度":聚焦到顾客心智中的一个品类。

放眼全球的商业实践,只要你的品牌能够代表一个品类,不管这个品类有多小,品牌都是非常有价值的。一旦你的品牌代表不了任何品类,那么无论这个品牌有多大,都没有什么价值。

**心智特征造就了品类的力量**

为什么民主和自由有如此持久的吸引力?是因为它满足了人类终极的心理——"被承认"的心理。为什么品类有力量?是因为它满足了心智的基本特征。

心智有几大基本特征:归类存储;害怕复杂;容易失去焦点;缺乏安全感,更信赖专业品牌;排斥相同的东西。这些特征归结起来形成一个概念就是"品类",这是心智赋予品类的力量。

同时,心智又是辩证的。心智对同一品类的信息接收量非常有限,有可能只有一两个,对于不经常使用的品类只有一个,但是心智对于新品类的接纳,又有无限的空间。这符合进化心理学的特征,人类从几十万年前,甚至几百万年前开始积淀到现在,造就了心智特征,即为了适应迅速变化的外界环境,人类对新事物的接受能力非常强。回归到商业,如果你在一个品类里面不是数一数二的,可能就没有未来,但是别担心,心智可以不断接受新的品类,你可以创新一个品类。所以品类是心智发展的终极驱动力。里斯先生和劳拉女士将此概括为"消费者以品类来思考,以品牌来表达"。

**品类的诞生让定位理论达到了前所未有的高度**

品类的诞生让定位理论找到了"历史的终结"。为什么说品比品牌更重要？我认为是商业环境使然。在产品极其丰富，人们选择众多，媒介环境复杂，信息爆炸的情况下，以前简单、微小的差异化，已经不足以占领消费者的心智，你必须要有品类的差异。

品类观念从诞生开始就体现出了极强的"解释"能力，如果说定位"解释"了50%的商业成功，那么我认为品类把这个概率提高到了90%以上。成功的品牌，从可口可乐到iPhone、特斯拉、微信……它们都没有提出一个明确的定位概念，但是毫无例外都开创了一个品类。

我们经常听到很多企业提出疑问：企业并没有实施定位，没有找到差异化的定位，但是仍然成功了，原因是什么。虽然我们可以用企业"存在一个潜在的定位"来解释，但也会承认找到企业的定位（语言钉）并非成功的必要条件。如果从品类的角度来看，大部分长期处于成功的品牌或许没有找到那个语言钉，但是它一定是一个品类的开创者，或是一个品类代表者。回顾今天全球的案例，它们都已经证明了这一点。所以，我认为，品类的诞生把定位理论提升到一个前所未有的高度，同时，也把战略拉低到一个前所未有的落地程度。

传统意义的战略大都是企业蓝图，但品类战略所表达的核心是你生意的核心，是马上可以着手做的，是看得见、摸得着的。如果企业真的理解了品类观念，它对自身的战略就非常清楚。比如长城汽车的战略就是成为全球最大的SUV生产商，推动这个品类的发展，在SUV领域做到全球第一。

在最近十年里，全球商业领域出现三个非常重要的、有影响力的品牌：iPhone、小米、特斯拉。它们根本的战略就是品类创新。

还有更多的品牌在做品类创新,新品类体现出了前所未有的力量。

福特作为全球传统汽车的代表性品牌,成立了一百多年,而特斯拉才成立了十多年。2015年特斯拉的市值是300亿美元;2017年突破500亿美元,首次超越福特;2020年超过了2500亿美元。为什么会出现这种情况?因为特斯拉代表了全球最大产业之一——汽车产业的未来。

**品类是中国与全球同步的观念**

中国的企业家接触定位观念比较晚。定位观念诞生于美国,美国的企业家学习了二三十年之后,才逐渐传到中国,中国的企业家才开始学习、实践它。然而,品类观念在全球的传播是同步的,大家是站在同一条起跑线上的,很多中国企业家是最早的一批实践者,他们有望掌握最先进的"武器"和全球的企业竞争。

为什么品类观念如此重要?从外部来看,它具有强大的心智规律作为支撑;从内部来看,它回归到企业经营的根本,对接了企业家对企业经营的最基本思考。

管理大师德鲁克先生为什么被称为"大师中的大师",为什么他的管理思想经久不衰,是因为他把握住了不变的、最根本的东西。他认为企业唯一的目的就是创造顾客。企业健康与否,就是看它有没有在创造顾客。为了创造顾客,企业要么在技术、产品上创新,要么做营销推广,影响更多的消费者。

品类让这两个职能实现了完美的统一。技术和营销不能完全分开,大量实践证明,如果技术创新脱离了营销,基本上很难产生成果。技术的创新必须和营销结合起来,最终通过市场来历练,否则,所谓的创新就是闭门造车。

品类观念诞生之后,企业关于战略的思考方向已经非常明确了。企业家唯一要做的就是让企业的品牌代表一个品类,并主导这个品类,其他的战略观念,比如聚焦、专注等都是实现这个目标的配称。

亚历山大·科耶夫是黑格尔理论在 20 世纪最伟大的诠释者,他也是一位非常杰出的哲学家。他说历史已经终结,哲学家的使命已经完成,世界观和方法论已经最终成形,剩下就只有实践了。

**品类诞生时,就是战略终结时**

今天,我们不需要再寻找更新的战略观念,终极的战略已经有了,接下来的关键是如何实践,怎么通过开创品牌做到品类主导,这是企业最大的战略课题。从这个意义上讲,终极战略的实践才刚刚开始,还有无数未知的领域,还有无数我们将面对的挑战。

从里斯公司数十年的实践来看,我最大的一个心得就是,没有两个企业是完全一样的。我们不能完全复制任何一个企业的战略,它们有不同的环境,不同的基础,面临不同的机遇,有不同的管理层。企业家在实践战略的时候,所做的决策也不一样。

定位理论还会继续在实践中不断发展,在最近的 10 年里《视觉锤》、*Battlecry*⊖,甚至《21 世纪的定位》都是重要的著作,都贡献了新的价值。但它们都属于局部的进化,最基本的观念已经落定和终结。

我们学习、接受了定位观念,并不代表在实践中就会一帆风顺。下面举两个例子。

第一个例子是 360 公司。360 公司的创始人周鸿祎是定位理

---

⊖ 中文版即将由机械工业出版社出版。

论的粉丝，他告诉我他看其他企业的时候特别清楚，但是到给360公司自己做决策时却很难下决心。他在做雅虎中国总裁时，做的搜索业务没有叫雅虎，而是叫"一搜"，只能搜图片和视频，与百度有显著的差异化；当淘宝要推出B2C平台时，他也赞同确实应该用一个新的品牌名，就是后来的"天猫"。可是当360公司要推儿童手环时，他却因为内外部各种因素的影响，最终决定沿用360品牌。

由此可见，即使是信奉定位理论的企业家，实践起来仍然非常艰难。里斯先生说过，咨询公司、咨询顾问提供的很重要的一个"产品"和价值，就是第三方的外部视角。

第二个例子就是小米。雷军先生是定位理论的信奉者。小米聚焦互联网直卖，获得了巨大的成功。成功以后，小米又推出了小米电视、小米手环等，小米在潜在顾客心智中的代表性受到了严重的稀释。

雷军的合伙人告诉我，小米五周年的时候，雷军给前100名入职的员工赠送《定位》这本书，并且签上了自己的名字。但是很遗憾，雷军并未完全读懂定位。我们关注小米，不断指出问题，是出于对这个品牌的爱护，当看到它战略的错误时，也觉得可惜。它曾经有机会成为可以跟苹果媲美的品牌，但随着小米品牌推出越来越多的产品，我认为从长期战略层面看它非但没有"走好"的迹象，反而走向了越来越糟的趋势。问题出在哪里？我认为仍然是实践的问题，而实践的关键在于对理论深刻、透彻的理解。

2008年的时候，我陪里斯先生在北京中国大饭店接受一名记者的采访。里斯先生说了这样一句话："我告诉你一个价值10亿美元的机会，未来会诞生一个不同于传统 PC 互联的品类，叫作 mobile.com。"移动互联就是一个新的品类，新的品类会诞生新的品牌，比如新的搜索品牌、新闻品牌等。在 PC 互联时代诞生的那些品牌，在移动互联时代会被极大削弱。也许那名记者当时并没有听懂，但是有一家企业看到了这个机会，2010 年一家叫"91"的公司成立了，专门做移动互联搜索。三年之后，它以 19 亿美元的价格被百度收购。因为百度意识到在移动互联时代，它会受到极大的削弱，必须要通过收购来弥补这个弱势。新闻行业也诞生了一个新的品牌，2012 年成立的"今日头条"，现在已经成为移动互联时代成长速度最快、用户数量达 7 亿的互联网品牌。这是规律，把握住规律，我们就能把握战略的机会。很多时候之所以未能把握住最佳的战略机会，原因在于我们对品类观念的理解，对品类发展规律的理解远远不够。

下一个 10 亿美元的机会是什么呢？答案是中国。"中国"就是一个新品类。中国企业的最大机会，在于在未来 10～20 年依托"中国"这个品类的成长。首先，在中国市场我们会逐渐改变以进口品牌、合资品牌占据主要市场份额的局面，也就是说中国品牌的崛起、国货的崛起是不可逆转的、必然的趋势。

手机，曾经是国外品牌主导市场，今天更多的消费者选择了自主品牌。我相信未来 5～10 年，中国的汽车品牌也会赶超主流合资品牌。化妆品、运动鞋、服装等越来越多的品类将复制这个过程。

"中国"品类的崛起，还将带来另外一个机会，就是全球品牌。因为对全世界来讲，"中国"就是一个全新的品类。中国车、中国化妆品、中国茶、中国牛奶、中国奶粉、中国酸奶进入全球市场。"中国"这个品类的机会是无比巨大的。

战略的历史已经终结,实践将会成为永恒。把握"中国"品类崛起的机会,依托开创品类的战略,相信不久的将来,中国必将诞生一大批世界级品牌。

张云

里斯战略定位咨询全球 CEO

里斯战略定位咨询中国区主席

## 发现视觉的战略价值

或许,很多企业管理派人士会对本书的主题感到意外:定位理论的卓越继承人、新一代的定位大师劳拉·里斯居然以"视觉"为主题,推出自己的第一本专著。而在很多企业家眼里,视觉通常被归入战术范畴,长期不被重视。

2009年10月,我陪同艾·里斯先生和劳拉乘车穿过陆家嘴,劳拉指着窗外密密麻麻的餐饮招牌说,她想不明白为何中国连锁品牌的店招都倾向于用文字而非图案。中国古老的文字是象形文字,同时中国历史上有非常杰出的美术成就,中国文化是典型的更习惯于以图形思考的右脑文化。按理来说,中国的消费者应该更容易受视觉而非文字的影响。"中国品牌要取得成功,不仅需要'语言钉'(定位),更需要'视觉锤'。"劳拉做出有力的挥手动作强调说。可见那时,她关于视觉锤的思想已经形成。

本书的主旨,正是在于揭示视觉的战略价值所在。时间回溯到48年前,里斯先生和他的伙伴们所开创的定位理论在人类营销史上首次指出，营销竞争的终极战场在于潜在顾客的心智，而非工厂或者市场。同时指出，找到一个差异化的"定位"（就是本书所说的"语言钉"）是进入心智的捷径。

随着营销实践以及对心智研究的不断深入，劳拉发现，消费者的大脑分为左脑和右脑两个部分，右脑负责处理视觉信息，左脑负责处理文字信息，两者相互影响。而视觉往往先于文字被大脑接受，并最容易留下深刻的印象。正如劳拉所指出的那样，将"语言钉"钉入潜在顾客心智的最佳方法，就是借助一个"视觉锤"。

全球以及中国市场的案例也屡屡证明了视觉锤的力量。

近年来，在中国白酒市场异军突起的白酒品牌洋河蓝色经典就是其中之一。面对大多数白酒品牌都采用红色作为主色调，蓝色经典采用与之差别较大的蓝色，并采用了类似于洋酒的瓶子造型，使品牌从众多的白酒品牌之中脱颖而出。从普遍的认知上看，蓝色并非白酒品牌的最佳选择，因为蓝色给人现代和高科技的感觉，并不符合中国白酒强调历史、喜庆的调性，但最重要的是蓝色具有足够的差异化，市场上有红色、黑色、黄色作为主色调的白酒品牌，唯独没有蓝色。这种策略恰恰吻合了劳拉在本书中所指出的视觉锤原则：如果你不是品类中的第一，你应该设计成完全不属于本品类的瓶子。

由此产生的效果是，当消费者看到一瓶其他颜色的白酒时，可能无法确定是哪个品牌，但如果看到一瓶蓝色包装的白酒，几乎立即就可以确定其是蓝色经典。实际上，蓝色经典至今未能找到一个有差异化的"语言钉"，但借助初期的品类聚焦以及视觉锤，成功进入中国三大白酒品牌之列。

在国内闹得沸沸扬扬的王老吉商标争夺战中，关于"红罐"知识产权的争夺更是"视觉锤"战略价值的明证。广药与加多宝集团最初的争夺焦点在于"王老吉"商标，继而转移到"语言钉"——"怕上火，喝某某"知识产权的争夺，最后集中到了"红罐"包装的知识产权上。最终，双方都不肯放弃"红罐"包装。为何一个简单的"红罐"如此重要？因为作为一种重复购买性极强的产品，消费者已经对红罐形成了稳固的消费习惯，换言之，其已经成为消费者心智中代表"正宗凉茶"（王老吉）的符号。无论是王老吉还是加多宝，都需要"红罐"这一视觉锤来证明自己的正宗。更进一步讲，消费者接受加多宝"改名"或者广药"未改名"说法的前提都为是不是"红罐"。从这个意义上讲，广药推出绿罐的王老吉其他产品，既是对其品类战略的稀释，也是对其独特视觉锤的严重冲击。

IBM 推出的笔记本品牌 ThinkPad 其每一款产品都采用黑色。黑色不仅具有差异化，同时给人安全、可靠的感觉，传达了品牌"商务"的定位，因此该品牌获得了空前的成功。在美国市场上，ThinkPad 几乎等同于商务笔记本电脑，黑色也成为该品牌的视觉锤，消费者甚至为它取了个外号"小黑"。联想从 IBM 手中收购 PC（个人电脑）业务之后，多次讨论推出更多颜色的 ThinkPad 以为消费者提供更多选择。这种做法实际是在摧毁品牌的视觉锤以及战略，所幸，其推出的其他颜色的产品并未取得成功，对品牌造成的负面影响并不严重。

随着定位理论在国内的传播，越来越多的中国企业家关注到心智以及在潜在顾客心智中占据一个位置对于品牌的重要性。企业家们同时发现，除了找到"语言钉"（定位概念）外，将"钉子"植入潜在顾客心智在媒介爆炸的今天变成了最大的挑战，因为传统的手段——广告不仅成本高昂，而且风险极大。此外，众多的中小品牌并没有多少预算用于大众媒体的广告传播，B2B行业更是如此。《视觉锤》一书的诞生为企业家们提供了解决方案，在众多的传播媒介和途径中，产品和服务本身无疑最有成效，嵌于产品和服务中的"视觉锤"正是在顾客接触产品和服务的过程中不知不觉地将品牌的定位植入潜在顾客心智中的。

48年前，"语言钉"在营销中的强大作用被发现，48年后的今天，敲打"钉子"进入潜在顾客心智的"视觉锤"横空出世，从而宣告定位理论进入新的发展阶段。我们期待越来越多的中国企业借助"语言钉"和"视觉锤"这对黄金组合，创造出更多强大的世界级品牌。

张云

里斯战略定位咨询全球CEO

里斯战略定位咨询中国区主席

代序

40年前[1],《广告时代》发表了我和杰克·特劳特共同撰写的系列文章"定位时代的到来"。²

9年后,麦格劳-希尔公司出版了我们的《定位》一书,随后"定位"成为营销界影响最大的概念之一。(2001年,麦格劳-希尔公司推出了该书的20周年版。)

迄今为止,《定位》一书在全球已经

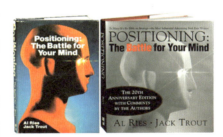

售出了100多万册,这还不包括在中国售出的40万册。

对任何概念来说,40年保持不变都太久了,尤其是在快速变革的营销界。从现在来看,这个概念显得有些老。

它过时了吗?

很多公司仍然在为它们的品牌撰写"定位"报告,很多营销战略都称是为了在消费者的心智中建立"定位"。

就在2009年,《定位》一书被《广告时代》的读者

---

[1] 此序写于2012年。

选为"读到过的最好的营销类图书"。（同年，哈佛商学院出版了《有史以来100本最好的商业图书》一书，《定位》名列其中。）

其他作者还在围绕这个主题写书。近期出版的有《给品牌定位》（Positioning the Brand）、《竞争定位》（Competitive Positioning）和《为专业定位》（Positioning for Professionals）。

尽管在过去40年中，营销界发生了很多革命性的变革，但定位看起来似乎依然很重要。互联网、社交媒体、移动营销、公关的崛起，还有Google、Facebook、Twitter、LinkedIn以及很多其他数字技术都在以不同方式影响着消费者。

这些发展都很重要，也具有革命性的意义，但它们仍然是战术层面的。要成为一个成功的品牌，仅有最新的战术是不够的，它还需要战略，这就是"定位"能持续获得关注的原因。

定位理论有一个弱点。定位战略无一不是用语言表达的。在执行定位战略时，你寻找心智中的语言空缺，用你的品牌名填补这个空缺。例如，雷克萨斯填补了"日本豪华车"这个空缺。一旦雷克萨斯品牌牢牢地定位在人们心智中，它几乎可以不受竞争的影响。

尽管"语言"定位战略获得了成功，但可能会让一部分读者感到惊讶，进入心智最好的方法不是依靠文字，而是依靠视觉。

1973年，心理学教授莱昂内尔·斯坦丁（Lionel Standing）做了一项调查研究。他请研究对象在5天之内看了10 000张图片。每张图片展示5秒钟。之后，在向研究对象展示成组的图片时（一张是他们见过的，一张是他们此前没有见过的），他们能记住之前看到过的70%的图片。

这一统计结果非常显著。试试展示10 000条广告口号，每条5秒钟，一个人在5天之后还能记住多少？

在一个传播信息过度的社会里，消费者很少会记住定位口号。无论语言组织得多么巧妙，或你的定位概念在焦点小组测试中得到的反馈多好，如果消费者没有记住你的信息，一切都没有价值。

一个传播信息过度的社会

什么语言信息可以停留在消费者的心智中？

是什么让某些概念可以存在人的记忆中长达几年，甚至几十年？

是情感。

想想你的过去。你印象最深刻的是哪些事？

是那些让你心跳加速、血压升高的事情。那些事情是带有情感的。

你结婚的那一天，你女儿结婚的那一天，你发生车祸的那一天，你升职的那一天，你买了第一套房子的那一天，这些事情都可以在你脑子里画面重现。

视觉具备情感力量，这是书面文字或声音所没有的。观察一下在电影院看电影的观众。他们会放声大笑，有时还会哭泣落泪。

再观察一下读小说的人，可能电影还是从这部小说改编而来，但你几乎不会看到任何外现的情感迹象。

这就是在屏幕上的视觉与书本上的文字的差异。一个是能引发情感的，另一个则不能。

　　是情感使得记忆长时间存在于心智中，但为什么视觉是带情感的，而文字不带？

　　那是因为每个人的大脑实际是由两个部分组成的，左脑和右脑。

　　你的左脑处理连续的信息，它用语言思考，它线性、系统性地工作。

　　你的右脑处理平行的信息，它用意象思考，它"看"全局。

　　每个消费者都有左脑和右脑，一个负责语言，另一个负责视觉。

　　定位规划的目的是要把一个字眼或一个语言概念植入消费者的心智中，最好的方法不是依靠文字，而是依靠具有情感诉求的视觉。

　　但也不是任何视觉都可行。毕竟，广告和其他形式的传播都充斥着各种视觉图像。

　　品牌需要的是能够强化其语言定位概念的视觉。

　　视觉会引起右脑的注意，右脑会向左脑传递一个信息，令左脑去读或听与这个视觉相关的语言文字。

　　"定位"是一个语言概念，是钉子，将定位这个钉子钉入消费者心智的工具就是视觉锤。

　　这是劳拉提出的概念，我非常期待它成为与"定位"一样著名的理论。

艾·里斯

# 第 1 章
## 锤子：惊人的力量

HAMMER：Its astonishing power

在今天的商业界，文字为王。Twitter消息、状态更新、短消息、幻灯片、电子邮件，甚至是老派的信件，都要采取文字的形式。想法、项目和营销战略，都是由文字来描述的。

在执行一个营销规划的时候，毫无疑问业务经理都只关注文字。文字是他们使用最频繁也最熟悉的工具。尽管如此，仍然有很多证据可以证明，在营销中，视觉元素所扮演的角色比文字更重要。

1982年，南希·布林克尔（Nancy Brinker）为了纪念她两年前因乳腺癌病逝的姐姐苏珊·科曼，发起成立了一项乳腺癌防治基金。

当时，布林克尔说，她仅有的资产是200美元现金和一份潜在捐赠人的名单。从那时起，苏珊·科曼乳腺癌防治基金已经筹集了将近20亿美元的

基金。如今，它是全球最大的非营利乳腺癌抗争资金来源组织。

最近，美国哈里斯民意调查公司（Harris Poll）对慈善品牌进行了调研，科曼乳腺癌防治基金被列为消费者"最愿意捐助"的慈善品牌，排名优先于美国防癌协会（American Cancer Society）、圣裘德儿童研究医院（St. Jude's Research Hospital）、善念机构（Goodwill Industries）和救世军（Salvation Army）等组织。

一家非营利组织，名字冗长又奇怪，是什么成就了它在这个领域中非凡的成功？

它的粉红丝带,在与乳腺癌抗争中已经成为一个知名的标志。

美国防癌协会成立于1913年,但是大多数人依然不清楚这一协会用的是什么视觉标志。这正是设计一个商标与设计一个视觉锤之间的实际差异所在。

几乎每个品牌都有一个商标,但很少有品牌具备视觉锤。

为了给癌症研究基金会筹集资金,兰斯·阿姆斯特朗(Lance Armstrong)做了和苏珊·科曼基金的粉红丝带类似的东西。2004年5月,他推出了"坚强生活"黄色硅胶腕带以筹集资金。

每个"坚强生活"腕带售价1美元,至今已售出7 000多万个。

腕带是"戴上黄色,坚强生活"教育项目的一部分。黄色在专业自行车运动中非常重要。

环法自行车大赛的冠军常穿黄色的运动衫,而阿姆斯特朗已经连续7次夺冠。

粉红丝带、黄色腕带和其他的视觉元素正在改变非营利组织的世界,但它们的成功是基于源自商界的技术。

2010年,可口可乐在美国

(图上英文意为:畅饮开怀)

市场上花费了2.67亿美元为可口可乐品牌打广告。可口可乐的宣传口号是什么？是"永恒"（Always）还是"享受"（Enjoy），或者是"这就是可口可乐"（Coke is it?）？大多数人都不记得。

大多数人记得什么？99%的美国大众记住了可口可乐广告的什么？

并不是文字。

大多数人记住了可口可乐的瓶子。

可口可乐的瓶子不仅仅是一个瓶子，它是一个视觉锤，将"可口可乐是原创、真正、正宗的可乐"这一概念钉进人们的心智。

在可口可乐的商业广告中，图像比文字更有效地传达了信息。这就是视觉锤的功能。

如果你注意过前几年可口可乐的广告，你可能会发现可口可乐标志性瓶身被更为广泛地使用。它几乎无处不在，出现在平面广告、电视广告、罐身、包装和户外广告牌上。

甚至在信纸的信头和名片上都有。

根据全球最大的综合性品牌咨询公司Interbrand的估算，可口可乐品牌价值为705亿美元。在我看来，这家公司的视觉锤正是其成为世界上最具价值品牌的一个原因。

（图上英文意为：畅饮·选择·生活）

在今天的全球经济中，强有力的视觉锤是尤其具有价值的资产。可口可乐在206个国家和地区出售，公司74%的收入来自美国之外的市场。

在很多品类中,全球品牌主导着本土品牌。在家庭和个人消费品领域,全球性的品牌在巴西市场占据70%的市场份额,在中国占75%,在俄罗斯占90%。

和语言上的概念不同,视觉元素可以无须翻译就跨越国家的界限。

令人惊讶的是,可口可乐6.5盎司(约184克)玻璃瓶身包装的产品销量非常差。

毫无疑问,可口可乐的瓶子是强大的视觉锤,而可口可乐罐子仅仅是可乐的另一种罐子而已。所以说,将可口可乐的经典瓶身图案印在罐子甚至是塑料瓶上是多么聪明的想法。

可口可乐玻璃瓶在高端餐厅使用非常广泛,这也说明了可口可乐瓶子在消费者中产生的视觉影响是何等的强大。

但是可口可乐一方面持续用同一个视觉锤,另一方面却不断更改"语言"钉。在过去的107年中,可口可乐使用过57个不同的广告标语。其中大多数都完全被人遗忘,就像1941年的口号:"可口可乐就是可口可乐!"

但是这其中的4个广告标语只要持续使用,就可能变成长期的"语言"钉。

尤其是"正宗货",它是一个强大的语言钉,因为它与视觉锤配合得很好。

1922年:
口渴没有季节
1929年:
享受清新一刻
1963年:
有可乐相伴,你会事事如意
1969年:
这才是正宗货

玻璃瓶像一个符号，象征着这个品牌的原创性，而"正宗货"用语言表达了原创性。

其他的几个广告标语都不错，但并不如"正宗货"与品牌的视觉锤紧密相连。

如今，"正宗货"频频见诸报纸、杂志、图书和电视节目中，尽管可口可乐公司只在40多年以前使用过这个标语，且只用了两年。

这证明了语言在表达品牌概念时的效力，同时证明随着时间累积，语言表达的概念会越来越有力。这也正是一个标语可以数十年保持生命力的原因。

但是，为什么大多数美国公司都在做相反的事情？这是一年一度的广告"创意"奖的意外后果。

现今，除非你能获得几个大奖，否则就算不得成功的广告公司。而且，如果你沿用去年的广告标语，你就无法在比赛中胜出。这并非"创意"，也就是说，它既不是新的，也没有差别。

因此，广告公司面临着一个困难的选择。要么赢得奖项，要么面临业务衰败。你无法指责它们选择了前者。

可口可乐格外强大的视觉

锤将它的竞争对手置于非常艰难的境地。百事可乐公司应该做些什么呢？

百事可乐公司的管理层和许多其他高管一样，认为视觉锤似乎并无意义，不过是美化之后的商标而已。因此，他们总是花费大量的时间和资金去完善商标，而不是去寻找一个视觉锤。

2008年，百事公司发表声明，宣布将在未来3年内投资12亿美元用于改头换面。据百事可乐CEO卢英德（Indra Nooyi）称："这将涉及核心品牌的各个方面，比如，品牌标识、产品包装、货架陈列销售以及与消费者建立联系的方式。"

作为翻新的一部分，百事可乐公司在2010年推出了新商标，启动了新广告方案，共耗资1.54亿美元。

（图上英文意为：刷新一切）

那么现在有多少消费者知道百事的新标语呢？

并没有很多。

总的来说，商标并非视觉锤。如果可口可乐的瓶子传达的信息是"正宗货，原创的可乐"，那么百事的新"笑脸"商标传达的是什么信息呢？

百事的新笑脸商标说的是"百事"。

从本质上来说，它就是个画符，是一个代替品牌名字的视觉符号。

几乎所有的商标都是画符。经过数年的持续使用（以

及数百万美元的广告投入），它们都被认知为代表品牌名的符号。但它们基本上都没有传达除此之外的其他信息。

甚至有很多商标连代替品牌名这一点都没有做到。你能识别锐步和阿迪达斯吗？

你的品牌有视觉锤吗？或者它有一个没有实际意义、像画谜一样的商标？或者说，它任何视觉上的元素都没有。

并非所有的商标都没有意义。耐克的钩子就是一个强有力的视觉锤。阿迪达斯和锐步的标识与耐克的有什么差别？

耐克的钩子传达的并非"耐克"这个品牌名，而是"领先地位"。泰格·伍兹帽子上的钩子将耐克的领先地位钉入了顾客的心智中。

并不是因为这个钩子有什么特别。耐克可以用任何简单而独特的视觉元素，随着时间累积，这个元素就会变成强有力的锤子。

为什么耐克用一个很普通的符号创造出了视觉锤？（耐克的钩子从形象上看不过是一个流线型的"对勾"。）

因为耐克率先进入了一个新品类。

耐克是第一个专业的运动鞋品牌。如今，耐克主导了这个品类。

视觉锤并不仅仅是重复你的品牌名，它将一个特定的字眼钉入顾客的心智。

对于那些创建并主导了新品类的品牌来说，这个字眼就是"领先地位"。

就像耐克的符号,简洁是创造一个视觉锤的关键。太多的商标设计者都认为他们是在为15世纪的神话战争设计战袍,而不是在为21世纪的公司设计一个符号。

简洁结合独特,可以使视觉锤在一定距离之外就能马上被识别。

最初梅赛德斯-奔驰的商标很华丽,但没有力量。

不应该把商标仅仅看成一种装饰。对于市场领先者来说,商标是潜在的视觉锤。

新的奔驰商标表现了极致的简洁。如今,这个三角星符号是世界上最强有力的视觉锤之一。

作为经典的"具有声望"的汽车,这个三角星把"声望"这个字眼钉入了购车者的心智中。

创建了新品类的品牌拥有非常好的机会,可以创造代表"领先地位"和"原创可靠性"的视觉锤。但并非每个品牌都正确把握了这个机会。举个例子,红牛创造并主导了能量饮料这一新品类,全球的年销售额超过51亿美元。

尽管很成功,但红牛没有视觉锤。它曾经有一个机会,但是它最终选择的视觉元素对一个小小的能量饮料罐子来说过于复杂了。

"两头公牛和一个太阳",这样的组合是一个虚弱的锤子,它的力量无法与奔驰的三角星、耐克的钩子和可口可乐的瓶子相比拟。

如果领先者缺少一个有力的视觉锤,那么就相当于给了第二品牌一个绝好的机会。

怪兽(Monster)以与红牛相对立的定位进入能量饮料市场。

怪兽用16盎司(约454克)的罐装推向市场,区隔于红牛的8.3盎司(约235克)罐装。大罐子和怪兽这个名字在顾客的心智中联系得很好。

怪兽也做了一个很好的视觉选择。M形的爪印简洁有效地传递了"力量"和"危险"的信息。结果,消费者记住了怪兽这个视觉锤。

如今,怪兽是能量饮料市场上的第二大品牌,这要部分归功于它在演唱会和体育赛事上出现的视觉锤。

尽管有这些和其他许多的例子说明真正的力量在于视觉,但为什么大部分营销人仍独独在文字上下功夫呢?

哦,文字也很重要。

终级座驾

(The Ultimate Driving Machine)

## 第 2 章

# 钉子：终极目标

NAIL：The ultimate objective

既然视觉比语言文字更具有情感上的影响,那么从逻辑上来说,营销人首先要做的决定就是使用什么视觉元素。

但事实并非如此。

这是一个必定会让很多营销人困惑的悖论。

运用视觉锤在建立品牌的时候是一个有效的方法,但并不是营销规划的目标。营销的目标是"在心智中占据一个字眼"。

例如,宝马占据了"驾驶"这个字眼,使得这个品牌从默默无闻成为全球最畅销的豪华汽车品牌。

(图上英文意为:终极座驾)

但是,是什么将"驾驶"这个概念植入了顾客的心智呢?

宝马的视觉锤是什么?是长期投放的一系列电视广告。广告中,愉快的车主们开着他们的宝马车驰骋在弯弯曲曲的路上。

"终极座驾"是钉子,是视觉锤把这一概念植入了顾客心智。

我认为:没有视觉锤,这个语言的钉子也会走上穷途末路。毕竟,"驾驶"是几十年来汽车广告一贯的主题,包括庞蒂亚克长期投放但没有视觉锤的"制造刺激"广告。

但是,如果目标是在心智中占据一个"字眼",那为什么还要在视觉锤上做无用功呢?为什么不将品牌的所有努力都用在语言的方式上呢?

想想钉子和锤子。如果目标是要把两块木板合到一起,为什么要在锤子上大费周章?为什么不把所有努力都花在用一个钉子把两块木板钉到一起?

这就是营销的问题。视觉锤是你最重要的工具,可是一旦你把钉子植入潜在顾客的心智,锤子就会变成累赘。但也不完全是这样,因为广告的三条原则是:**重复,重复,重复**!

因此,你需要不断地锤打,不是几年,而是几十年,不仅仅是广告,而是从网站到商业名片和年报。

"终极座驾"于1975年启动。到了1993年,宝马成为美国最畅销的欧洲进口豪华车。在这18年间,宝马的销量有14年都超过了业内第二大品牌(梅赛德斯-奔驰)。

那么,宝马公司最近做了什么?它把焦点转向了"快乐"(joy),你能想到这是为什么。

快乐是一个独特的语言上的概念,可以扩大宝马品牌的吸引力。

当然,这毋庸置疑,但你如何通过视觉来表现呢?和很多其他高级又抽象的词汇(幸福、热情、客户满意度、质量)一样,快乐无法通过有意义的方式视觉化。

(图中首行英文意为:好公司提供快乐)

绝大多数营销口号都很虚弱,原因在于:它们或许要表达品牌的一个重要利益点,但除非能用视觉锤来强化,否则从根本上来说都是无用的。

在买车的时候,消费者在寻找什么?除了其他方面,他们主要寻找的是可靠性、低油耗、外观、内饰、可操控性能和大小。

汽车生产商会犯的第一个错误就是把所有这些特征都放在广

告里。这很合逻辑。这些都是顾客在买车时会考虑的因素。

大错特错。如果你在广告里说得面面俱到,那么潜在顾客就什么也记不住。

第二个错误就是选择你品牌最重要的特性。它要奏效的前提就是这一特性能被转化成一个视觉锤。

拿沃尔沃来说。多年前,这家公司锁定了"安全"作为品牌的语言钉,并用戏剧性的碰撞测试电视专题节目将这个概念植入顾客心智。在1970～1992年的23年间(1977年除外),沃尔沃每年都是美国市场上最畅销的欧洲豪华汽车。

(图中首行英文意为:安全第一,沃尔沃始终如一)

在那22年中,沃尔沃的销量超越了宝马、奔驰、奥迪和捷豹。1993年,情况发生了改变。

在过去的20年间,沃尔沃逐渐偏离了它的安全聚焦,碰撞测试没有了,甚至连营销口号都变得虚弱:"沃尔沃,为了生命。"

为了增加销量,沃尔沃试图提升性能表现,于是他们推出了沃尔沃运动汽车,甚至沃尔沃敞篷车。

正如沃尔沃的全球广告总监所说:"仅仅安全是不够的。"这是左脑的逻辑思维。

(图中英文意为:沃尔沃敞篷车)

消费者买车并不仅仅追求车的安全性能。面对展厅里的不同汽车,他们还寻求很多其他的东西。但除非这个品牌进入消费者的心智,除非消费者已经走进了展厅,否则所有的逻辑思维都是无用的。

在营销中,所有其他要素都排在进入消费者心智之后。没有视觉锤,这项工作的开展就极度艰难。

沃尔沃的销量持续下滑。在1986年的高点,沃尔沃共售出113 267辆汽车,但在2011年,沃尔沃只卖出了67 240辆汽车。当年,宝马和奔驰的销量几乎是沃尔沃的4倍,奥迪的销量是沃尔沃的2倍。

沃尔沃最大的错误就是放弃了一个成功的视觉锤,于是品牌也受到了挫伤。

从长期来看,持续一致的视觉锤甚至比持续一致的语言钉更重要,尽管更好的是两者兼备。

想想万宝路的牛仔,也许这个视觉锤比可口可乐曲线瓶更有效。1953年进入市场后,牛仔的视觉锤使万宝路成了全世界销量最大的香烟。(该品牌在美国市场的份额达43%,比其他13个品牌的总和都多。)

(图上英文意为:万宝路郊野)

自从58年前首次发布以来,万宝路的每个广告或店内促销活动都会使用它的牛仔形象。

(事实上,从它"再次面市"以来,万宝路一度成为女性钟爱的香烟,但那又是另一个故事了。)

万宝路也从未在它的牛仔广告中使用过女性形象。

很多品牌都尝试复制万宝路牛仔的成功。随手翻开一本杂志，浏览网页或者打开电视，你就能发现几百个试图模仿牛仔的成功的视觉锤。

例如：猴子、驴、狗、青蛙、大象、儿童、婴儿、性感的男人、成熟的男人、成熟性感的男人、性感的女人、成熟的女人、成熟性感的女人、名人和很多其他视觉锤。

但大多数时候，这些视觉永远不会变成视觉锤。因为创意总监总会选择有趣、严肃、可爱、性感或者出名的，而不会首先考虑语言上的表述应该是什么。

建立一个品牌，你需要两样东西，即一个视觉锤和一个语言的钉子，而且首要的是钉子。

在万宝路推出的时候，绝大多数竞争品牌都是"男女皆宜"的。品牌会犯的典型错误就是吸引所有人。

万宝路是第一个男子气概的香烟品牌。这就是万宝路的语言钉。还有什么比牛仔更能展示男子气概呢？（作为一个职业斗牛比赛的狂热观众，我个人认为没有什么比牛仔更有男子气概。）

大多数品牌的视觉永远不会变成视觉锤。它们或许看起来有趣，但除非它们也可以为品牌发挥功能性的作用。一个很好的例子是在1995年美国橄榄球超级杯大赛上大放异彩的百威（Budweiser）啤酒广告。这则广告常常被誉为历史上的最佳商业广告之一。

在广告里，3只青蛙蹲在夜晚的沼泽地里，有节奏地叫着"百——威——""百——威——"……

很聪明吧？我不这么认为。用青蛙叫来念百威的名字？语言钉在哪里？

青蛙、斑马、狗，百威把这些动物都用了一遍。一直以来，这个品牌其实是有终极视觉锤的，只是它很偶然地用过。

那个视觉锤就是几匹克莱兹代尔马拉着老式的啤酒马车。这一视觉传达的是品牌的权威性，是"啤酒之王"。

这一视觉锤同时传达着"老式"，这在饮料酒水中是一个有力的要素。技术领域中的优势在于新，而在饮料酒水领域中，越老越好。你看看创立于1693年的法国名贵香槟酒品牌唐·培里侬（Dom Perignon）有多成功就知道了。

（图上英文意为：酒劲十足，与众不同）

百威不仅没有坚持使用它已经拥有的视觉锤和营销活动的语言钉（啤酒之王），反而不断寻找新的定位概念。最新的是"现在开始"，之前还有"酒劲"。这两个词语表述的概念都几乎无法视觉化。

多年前，百威的"怎么了"（Wassup）活动赢得了很多奖项，这要部分归功于它有一个很好的视觉锤（两个傻傻的家伙讲电话)。

但作为一个语言上的概念,它缺乏动机。"怎么了"和喝百威啤酒有什么关系呢?

左脑思维的管理层更青睐可以包含所有方面的语言钉,比如"雪佛兰,深沉行者"。

(图上英文意为:雪佛兰,深沉行者)

即使雪佛兰成功地将"深沉行者"这一概念植入顾客心智,后者购买雪佛兰汽车的动机也无处可寻。

同样地,如果你的概念高度抽象或很宽泛,那么你很难找到能把概念植入顾客心智的视觉锤。

有效的视觉锤需要像"驾驶"和"安全"这样精准的钉子。(真正的锤子也要配尖锐的钉子。)

谁能找到视觉锤把民主、忠诚、信任和其他高度抽象的概念视觉化呢?

顾客会从字面来理解语言的钉子。"雪佛兰,深沉行者"听起来就像是一个拖拉机品牌的宣传标语。

在将之视觉化之前,抽象的概念需要被细化到最实际的表述。

# 第 3 章

## 形状:简单的就是最好的

SHAPE: Simple is best

设想一下：你要为一个名叫"伤员救济国际委员会"（International Committee for Relief to the Wounded）的组织策划营销活动，你会用什么样的视觉锤？

先忘了锤子吧，语言钉是首要的。但在这个组织的名称中，没有一个词（伤员、救济、国际、委员会）可以用独特的方式将其视觉化。幸运的是，在其建立之后5年，这个组织更名为"红十字国际委员会"（International Committee for the Red Cross）并沿用至今。

（图上英文意为：美国红十字会）

在186个国家拥有9 700万志愿者、支持者和员工，红十字会是全球最大、最成功的组织之一。

（美国红十字会是一个与红十字国际委员会工作联系密切的独立组织。）

当你在寻找视觉锤的时候，要从钉子开始。但这里有一个悖论。

通常为了得到一个更有效的锤子，你不得不牺牲一部分语言表述中的意思。

相比"红十字"，"伤员救济"更具象也更有实际含义，但它无法视觉化，不过没关系，"红十字"可以。

营销规划的终极目标是将一个概念植入顾客心智中，但有时借用已经存在的概念"搭个车"会更简单。

红十字将"红色"这个词和这种颜色与"非营利性慈善组

织"联系起来。因此著名乐队 U2 的主唱博诺和鲍比·施莱弗（萨金特·施莱弗的儿子）联手创办了红色产物（Product Red），为非洲消除艾滋病筹集资金。

红色产物品牌被授权给苹果、匡威（Converse）、戴尔、盖普（Gap）、贺曼（Hallmark）、耐克和星巴克等合伙公司。每家合伙公司开发一款带有红色产物标识的产品，公司所得利润的一部分将被捐给抗击艾滋、

结核和疟疾的全球基金组织（Global Fund）。

红色产物是全球基金组织中最大的私人团体捐献者，它已经为非洲的艾滋项目筹集了 1.5 亿美元。

值得一提的一个有趣现象是，红十字会和红色产物都广为人知，但抗击艾滋、结核和疟疾的全球基金却鲜为人知。

全球基金组织的视觉锤在哪儿？它需要改个名字才有可能找到可能的视觉锤。

换句话说，在寻找视觉锤之前，你有时要先把钉子打磨尖锐。

说到形状，能被绝大多数人识别的独特形状并不多。此外，大多数常见的形状（方形、圆形、箭头、三角形、钩形、太阳、星星等）被很多品牌采用，它们实际上已经变成了无用的视觉锤。

加入一种独特的颜色会有帮助，但即使如此，很多颜色和形状的组合也被先占了。例如，红五星就被俄罗斯和中国先占了。

在寻找可行的视觉锤时，简单应是你的指导原则。世界上最

主要的三大宗教都用了极为简单的视觉符号——星月组合、十字和大卫之星，这并非巧合。

相对较简单的形状很多都已经被既有品牌使用了。例如，"靶子"就被塔吉特（Target）商场和汰渍清洁剂运用得很有效。汰渍的"靶子"锤非常有效，因为汰渍是新品类中的第一品牌。

它也使"汰渍"这个名字看起来就像是正中靶心。至于塔吉特商场的"靶子"标识，其极简的设计赋予了塔吉特商标力量。

可能从审美的角度看，它并不讨人喜欢，但在零售业品类中，塔吉特的"靶子"无疑是最独特也最容易让人记住的商标。

来比较一下塔吉特的靶子和沃尔玛的新标识——六点发散的设计，看起来像从云隙射下的阳光或一朵花儿。

一部分记者推测这一新的标识反映了沃尔玛前执行官李·斯科特（H. Lee Scott）将沃尔玛转变成一家环保公司的目标。

如果是真的，那么这个标识既没有达成效果，也无法作为品

牌的视觉锤。

太糟糕了。沃尔玛是全球最大的零售商，是超级市场品类中的主导品牌。对沃尔玛来说，要发展出一个视觉锤本该相对容易些。

沃尔玛公司起初的尝试，那个小小的五角星，同时也是Wal-Mart名字中的连字符，就十分平庸。太阳花也是如此。

在商标的世界里，充斥着圆形、方形、星形、箭头和其他传统的形状，几乎所有这些形状在创建视觉锤的过程中都没什么帮助，更好的方法是创造一个独特的新形状。

全球最为知名的一个形状是1958年设计的象征"和平"的标识。这一和平符号是独特的，但确实与奔驰的三角星标识有些相似。

最近，美国知名运动品牌安德玛（Under Armour）创造了一个独特的标识，也逐渐知名起来。

尽管看起来简单，但它实际上还是有些不必要的复杂性。远远地看，这个符号就像是字母"H"，尽管设计师很显然是希望为安德玛这个品牌名设计出一个象征着"UA"的符号。

在评估商标时，营销人通常会犯的一个错误是，问类似于"你觉得这个设计如何？有什么可以改进的地方吗"之类的问题。

商标不是牛仔裤,其外观并不重要。恰当的问题应当是"这个商标想要传达什么"。

视觉锤的目标是将一个"字眼"钉入顾客心智。在安德玛的例子中,这个"字眼"就是"穿在运动服和制服里面的吸汗紧身内衣领导者"。

没有一个视觉锤可以传达这一概念,因此它需要象征性地来处理。幸运的是,对大多数消费者来说,"UA"在安德玛的商标中并不明显。如果它很明显,那么这个商标就会失去其作为"吸汗"概念视觉锤的价值。

很多公司都使用品牌名的首字母作为商标,如惠普的HP、通用电气的GE、Ally银行的A。实际上,首字母仅仅是这些名字本身的速记符号,它们并没有在心智中钉入任何独特的语言表达上的概念。

有一个机会常常被忽视,那就是将你的视觉锤用语言表述出来,比如可口可乐的"曲线瓶"、奔驰的"三角星"和耐克的"钩子"。为视觉锤取一个名字可以强化其独特性。

麦当劳用它的首字母"M"作为商标,但同时给这个符号取名为"金色拱门",这样公司就比"仅仅是符号"多走了一步,把"M"转变成一个有效的视觉锤。金色拱门将麦当劳在快餐领域内的领先地位视觉化了。

和艺术界会告诉你的不同,视觉

图形从来不会自行在人们心智中发挥作用。要在心智中被归类，视觉图形需要用语言表述出来。

例如，艺术评论家会将这张图归在"立体主义"的"毕加索"之下。如果他们是真正的专家，还会继续归到《亚威农的少女》。艺术作品在能被语言表述之前并没有实际的意义。

看看艺术爱好者是如何在艺术展馆里闲逛的。如果他们没有认出一幅作品，他们就会立刻去看作者的名字。

一个好的视觉锤会利用这一现象。要判断一个视觉锤是否有效，你需要不断问自己，这个可能的视觉锤在表达什么？

最强的两个视觉形状是与男性生殖器官关联的柱形和与女性生殖器官关联的环形，因为它们能激发情感上的反应。使用这两个符号中的任何一个的视觉锤都会特别有效。例如：可口可乐的曲线瓶是个柱形，奔驰的三角星是个环形。

方形是最弱的形状，也是非常无趣的视觉锤。全美领先的所得税服务公司 H&R Block 究竟为什么要使用一个绿色的方块作为它的商标呢？大概管理层认为"我们的名字是 Block，而 block 就是方块的意思，那么我们就用方形让人们记住我们的名字吧，我们把它设计成绿色，

代表纸币的颜色"。

但是顾客并不是这么想的。他们不会把看到的联想成"block",在他们眼里,这就是一个无趣、绿色、没有什么意义的方形。

形状常常被用在方言中,如"方块"就是指"不在状态"的人。

另一方面,"圆圈"通常被用于积极、正面的方面。就像某个社交网站所说:"Google+ 使用户能建立起朋友圈。"

整洁、有计划性、保守的人(通常是左脑思维者)常常使用方形或长方形作为视觉符号,因为这些形状能反映他们"不要捣乱"的人生观。

但是如果你想要一个符号能引起人们的注意,你就要不惜代价避免枯燥。拿盖普来说。长期以来,这个服装连锁的标识是一个蓝色的方块中间有白色的品牌名 GAP。它并不吸引眼球,因此可以理解为什么它想要一个新的标识。

但是修改后的标识也很糟糕。设计师并没有移除枯燥的蓝色方块,而是将其做了不对称处理,把它放在字母 P 的后面,反而更加突出了这个方块。

重新设计后的盖普标识到底象征着什么呢?方形的蓝色牛仔服吗?

在 2010 年 10 月推行新的不对称标识后,盖普收到了大量负面的消费者反馈，网上也充斥着负面声音，因此旧标识很快就回归了。

盖普本该怎么做？既然消费者会将"视觉语言化"，那么处理这个问题的一个方法就是将"语言视觉化"。

盖普长期的口号是什么？"Fall into the Gap"，那么与其用一个漂浮状态的方块，为什么不试着把"fall into"的概念视觉化呢？

也许用一个漏斗或类似的符号可以将"fall into"的概念钉子钉入顾客心智。

彭尼（J. C. Penney）公司也在步盖普的后尘，将方块变成了字体连带装饰性方块的标识。

我很惊讶彭尼公司的大批顾客并没有抱怨这个新标识。除了这个枯燥无味的方块，公司为什么要将它的名字分拆呢？念起来就变成了 JCP/enney？

肯塔基炸鸡（Kentucky Fried Chicken）常常被叫作 KFC，因此改名字是有意义的。但是彭尼公司从未被称为 JCP，那么为什么要用字母缩写呢？

毫无疑问，彭尼公司的新标识比之前的那个更吸引眼球，但吸引力并不是设计标识时最重要的标准。

佳得乐（Gatorade，运动型饮料）的标识也存在这一问题。设计者把橙色的闪电形状做得过于吸引人了，看起来都不像是一个闪电了。它看起来更像一把刀，而且越来越糟糕了。

品牌名在佳得乐的新标识上消失了，取而代之的是一个字母

G。这是个错误。

为什么要用首字母来称呼佳得乐？据我所知，如果你在商店里说"给我来一瓶 G"，是不会有人给你佳得乐的。

有时候昵称使用非常频繁，生产商不得不将其印在标签上。

举个例子，可口可乐的包装上总是印有"Coke"。但要注意的是，他们不会在瓶子或罐子上印上"CC"，因为没人把可口可乐叫作 CC。

改标识会给佳得乐品牌带来多大的损害？在短期来说，没有损害，但从长期来说，一定会有问题。

从本质上说，营销是一门长期学科。营销更像是植树的农场，而不是种菜的园子。从长期来说，佳得乐品牌会遭受痛苦。

想想吧，全世界每天有 490 000 个新生儿，也就是说，几乎每天会有将近 50 万的潜在顾客将不得不经历一个把 G 与佳得乐品牌关联起来的学习过程。

为什么公司不把这个学习的过程简化呢？只要把佳得乐的名字放在它的标识上即可。

此外，全球每天有 275 000 人口死亡。这些人中很多都是佳得乐的忠实消费者，他们带着对佳得乐瓶子上 G 的认识走入坟墓。

## 第 4 章
# 颜色：对立
COLOR: Be the opposite

颜色可以成为有效的视觉锤,但问题在于,光谱中独特的颜色并不多。基本色有5个:蓝绿黄橙红,还有其他一些二级色。

如果你进入某个品类恰好比较早,那你就能通过抢先占据每个特定的颜色建立品牌的声誉。例如,蒂芙尼(Tiffany)就先占了蓝色。

自1878年被采用后,蒂芙尼蓝已经成为这一高端珠宝商店全球门店的标志。

作为一个视觉锤,这个颜色传达了蒂芙尼品牌的优雅和真实。这个颜色是专有的潘通色卡定制颜色,在美国甚至作为颜色商标受到法律保护。

在蒂芙尼门店,有一样东西你是买不到的(他们会送给你),那就是蓝色的包装盒。

蒂芙尼有一个铁打的规矩,即任何一个印有公司名字的盒子都不准被带出商店,除非里面装着他们出售并负责保养的首饰。

蒂芙尼的盒子是一个非常有效的视觉锤。把一个蒂芙尼蓝色盒子和一个其他珠宝商店的白色盒子一起放在桌子上,看看女性的反应。蓝色盒子会使人产生情感上的反应,但白色盒子不会。

柯达的黄色也是如此。黄色盒子传达着柯达在传统胶卷行业中的领先地位。用绿色盒子装的富士胶卷则不同。除非它更便宜,或者商场里没有柯达胶卷的存货了,绝大多数消费者在能买到黄色包装柯达的时候，都不会买"绿色"的富士。

但要注意，没有钉子，锤子是没有用处的。黄色盒子锤打的是柯达在传统胶卷领域中的领先地位。但如今传统胶卷已经几乎消亡了，因为摄影步入了数码时代。

因此柯达犯了典型的错误，试图将其柯达品牌名和黄色锤子用在一系列数码产品上。结果是凄凉的。在20世纪90年代的10年间（1991～2000年，传统胶卷仍然盛行），柯达的销售额为1 252亿美元，税后净利润69亿美元，净利润率达4.5%。

在接下来的10年间，柯达的销售额为1 150亿美元，亏损9.17亿美元。难怪柯达最后破产了。

将柯达与快门网（Shutterfly）相比，后者是一个拥有单一焦点（网上数码冲印）和单一颜色（橙色）的小公司。

在过去10年中，快门网的营业额为13亿美元，净收益为5 600万美元。柯达推出柯达影廊（Kodak Gallery）网站与之竞争，这又是一个愚蠢的产品线延伸的例子。

为什么柯达不给它的数码冲印网站一个不同的名字呢？（在大公司中，"忠诚"是至高的美德。当营销原则和管理层对公司的忠诚发生冲突的时候，管理层就不会在意营销原则了。）

柯达本该怎么做？它应该用一个不同的名字推出数码产品线，但柯达没这么做。

如果柯达以不同的颜色来区隔其数码产品，可能也会有帮助。就像拉尔夫·劳伦（Ralph Lauren）在推出它最高价位的男士产品线时用了"拉尔夫·劳伦紫标"。

红十字会是全球最著名的慈善组织之一。因此在1929年，贝勒大学（Baylor University）的一位执行官推出了一项医院计划，并称之为"蓝十字"（Blue Cross）。10年后，另一个叫作"蓝盾"（Blue Shield）的医疗福利协会正式成立。

蓝十字和蓝盾是分别独立发展的，蓝十字主要涵盖医院服务，而蓝盾包括的是医生服务。这两个组织最终合并了。

如今，合并之后的蓝十字蓝盾协会（Blue Cross Blue Shield Association）是一个有美国39家独立健康保险机构和公司联合的协会。它们直接或间接为超过1亿的美国人提供健康保险服务。

"蓝色"强有力地将这个品牌区隔出来。令人容易混淆的是，两个名字和符号被放在一起使用。选用任何一个都会是一个更有效的品牌战略和视觉锤。

（但是在太多合并案中，营销效力都给企业的自负让了位，他们总是试图讨好两边的组织。）

有时你还可以给一个简单的产品涂上一个不同寻常的颜色来创造潜在的视觉锤。

1968年，玫琳凯·艾施(Mary Kay Ash)买了一辆凯迪拉克，并把它漆成了粉红色，用来推广她的化妆品产品线。

这辆粉色的轿车给玫琳凯品牌做了很好的广告。第二年，她决定由公司出钱购买粉色的凯迪拉克，用来奖励前5名销售员。

今天，玫琳凯公司的年销售额约25亿美元，超过2 000万名独立咨询师在美国和其他35个国家向消费者展示玫琳凯产品。这些美容咨询师每年都以业绩竞争奖品，奖品包括从珠宝到粉色的凯迪拉克。

通用汽车估计其已经为玫琳凯生产了超过10万辆粉色凯迪拉克作为销售奖励。

你如何区分加勒比海的岛屿？它们都有沙、有海、有浪、有棕榈树和价格高昂的酒店。百慕大群岛找到了一个方法。粉色沙滩。

而且百慕大群岛并不在加勒比海。

粉色的沙滩比棕色、米色或白色沙滩更好吗？不是。但它是不同的。而这正是你在寻找一个视觉锤时首先要考虑的问题。

不幸的是，百慕大群岛有一件事没做，那就是没有把它独特的粉色沙滩视觉锤与一个容易记忆的语言钉联系起来。相反，它用了一句可以放在几乎任何岛屿和品牌身上的陈词滥调：

"感受爱情。"

在职业高尔夫世界里，有 4 个主要锦标赛：美国公开赛（The U.S. Open）、英国公开赛（The British Open）、PGA 锦标赛（The PGA Champinship）和大师赛（The Masters）。

前三大赛事是由主要的高尔夫组织主办的，但大师赛是由奥古斯塔国家高尔夫俱乐部（Augusta National Golf Club）这一私人俱乐部主办的。

猜猜哪个比赛获得的关注最多？当然是大师赛。

一个原因是绿色的外套，它是大师赛的符号。这一绿色外套传统自 1937 年开起并保留至今。

那一年，奥古斯塔国家高尔夫俱乐部会员在比赛中身着绿色外套，因此现场的观众在需要提问时就很容易认出他们。

视觉符号不仅仅易记，它们同时能提升事件或带有这一符号的人员的重要性。

当一个天主教堂的教宗被提升为枢机主教时，全世界会发布什么样的图片？当然是一个身着红帽的枢机主教。

（据说天主教的枢机主教穿红是因为这象征着他们不惜用鲜血捍卫自己的信仰。这是一个很好的语言钉。）

数年来，21 世纪不动产公

司都坚持让代理人穿金色外套。很多代理人都反对穿"制服",人数之多令人咋舌。但是金色的外套可能是这家公司执行过的最好的营销规划了。

21世纪不动产公司有时也会使用语言钉"金色标准",但是这个钉子如果能持续使用,并将其修正为"房产界的金色标准",就会强大得多。

看看克里斯蒂安·鲁布托(Christian Louboutin)的成功,他是一名法国设计师,设计的女鞋常常位居奢侈品研究机构"最负声望女鞋"的榜首。

1992年,他把红色的指甲油用在了鞋底上,因为他感觉鞋子缺少能量。

"它取得了巨大成功,"鲁布托先生说,"因此它将成为永久装备。"

红色的鞋底就是视觉锤,那么钉子是什么?是在过去20年中令鲁布托重返时尚界的细高跟女鞋(12厘米或更高的高跟鞋)。要建立一个品牌,你两者都需要:红色的鞋底和细高跟。

颜色锤子在零售业尤其有效。即使你在公路上以50英里(相当于80千米)的时速行驶,也很难错过一家麦当劳餐厅,那些金色拱门就是吸引你眼睛的磁铁。

为了吸引驾车旅行的人,

华夫屋（Waffle House）使用巨大的黄色字母拼写品牌名。但很多华夫屋单店还会更进一步，它们会用巨大的黄色遮雨棚来强化品牌的颜色身份。

下一步是什么？将这个建筑物刷成黄色。这对大部分仅与某个单一颜色联系在一起的品牌来说都是一个不错的方向。

红屋顶旅馆（Red Roof Inn）是一个用红色屋顶作为颜色识别和视觉锤的汽车旅馆。这两者都缺失的是一个可以将红色屋顶与顾客利益关联起来的语言钉。

谈到颜色，很多零售商往往会忽略用油漆桶刷出大色块的作用。零售商们在设计时总是更注重吸引力而非独特性。

来看看艾克森石油（Exxon），它是全球最大的加油站连锁店之一。

赫兹（Hertz）是黄色的，蒂芙尼是蓝色的，柯达是黄色的，那么艾克森是什么颜色？

艾克森加油站在马路或高速公路上并没有像那些单一颜色的加油站那么显眼。壳牌是黄色的，BP（英国石油公司）是绿色的。（艾克森是红色和蓝色的。）

联邦速递（Federal Express）带着一个强有力的语言钉起飞："绝对、肯定、必须隔夜送达。"但是视觉锤是什么？

当然是隔夜信件。当一只联邦速递信封到达目的地时，公司想要确保在收件前台得到最大的关注。

因此联邦速递选择了在大量昏暗色调的办公环境中最可能出挑的两个颜色。

紫色和橙色。

从短期来看这是个绝佳的选择，因为两种颜色会有视觉冲击，但从长期来看，单一色或许是更好的选择。

接下来公司换了个新名字：FedEx。大多数公司都会这么做。在扩张进入很多其他服务领域后，这家公司用颜色来区分不同业务。

红色代表"航运"，蓝色代表"紧急运输"，绿色代表"陆运"，等等。

如今，FedEx就是一家彩虹色的公司，没有某个特定的颜色，这是很多其他公司都会追随的一个典型模式。

它最主要的竞争对手，联合包裹服务公司（UPS）采取了不同的方法。UPS并没有用随处可见的某种流行色，而是选择了最不流行的颜色之一——棕色。

（大多数公司都聚焦在"变得更好"，而真正的机会在于"与众不同"，即使颜色也如此。）

今天，棕色之于UPS就如蓝色之于蒂芙尼。实际上，这种关联很强，公司投放的广告标题也在说"棕色可以为你做什么"。

棕色是一个很强的视觉锤，但

目前UPS的钉子很弱:"我们热爱物流。"

(我热爱咨询,但"我热爱咨询"对我的营销战略咨询公司来说并不是一个好的语言钉,它太笼统了。)

那么对棕色锤子来说,什么是好的语言钉?几乎每个好的语言钉天生就有竞争力。它将品牌和主要的竞争对手区隔开来。什么将UPS与FedEx区隔开?一定不是两个公司共同的物流业务。

棕色比其他运输公司将包裹投递到更多的国家和地区

"领先地位"将UPS和FedEx区隔开来。UPS公司更大、更赚钱。

"棕色比其他运输公司将包裹投递到更多的国家和地区"可能不如"物流"那么讨人喜欢,但我认为它会更有效。

众所周知,星巴克是绿色的,那么它的竞争对手唐恩都乐(Dunkin' Donuts)是什么颜色呢?

唐恩都乐在美国的单店超过6 700家,几乎都在密西西比河的东面,但绝大多数人都不会把这个品牌和任何一个特定的颜色联系起来。

唐恩都乐的标牌很吸引人,但还不如星巴克的绿色美人鱼和麦当劳的金色拱门那么

易记。

有人会好奇为什么啤酒瓶通常都是棕色的？其实，啤酒瓶一度是绿色的，直到20世纪30年代有研究发现棕色瓶能更好地过滤会引起啤酒日光臭的光照。

（阳光会分解啤酒花中所含的酸，与硫黄发生反应产生一种化学物质，闻起来就像臭鼬散发的气味。）

第二次世界大战之后，在欧洲棕色玻璃瓶一度短缺，因此很多酿酒商包括喜力啤酒都用绿色瓶子出口他们的产品。

美国领先的进口啤酒品牌喜力就与绿色紧密关联起来。

商界报纸称喜力为"绿色标准"，喝啤酒的人常常会说"来一瓶小绿"。

如今，绿色的瓶子和绿色的商标已经成为喜力品牌强大的视觉锤。

但喜力的语言钉是什么？

数年来，喜力推行过的语言钉有"追求真理""都是真的""全都和啤酒有关""用最好的来解渴"以及最近的"打开你的世界"。还有在英国的宣传口号："令其他啤酒无法企及的部分焕然一新。"

这些都是典型的错误。一个领先者应该强调它的领先地位。

曾经一度，喜力占据了美国约40%的进口啤酒市场份额，是当时第二品牌莫尔森啤酒（Molson）的两倍。后来墨西哥啤酒科罗娜（Corona）进

入美国市场,并带着一个强大的视觉锤——放在瓶口的柠檬。到1997年,喜力的市场份额下滑到第二位。

起初,喜力的管理层蔑视科罗娜品牌,称其为"墨西哥苏打水",随后他们做了一些莫名其妙的事情。

他们重新设计了喜力的商标,把原先很小的红五星放大。他们围绕这个概念做了一个广告:"长时间凝视,你会发现一颗红五星。"很自然,喝啤酒的人都困惑了。"什么?它是俄罗斯啤酒?"之后喜力就远远落在了科罗娜的后面。

(图上英文意为:长时间凝视,你会发现一颗红五星。)

你可以更改"用词",但如果你尝试去改变一个"视觉锤",那么只能祈祷了。

如果你成功建立了一个强大的视觉锤(牛仔、鸭子、柠檬、橙子中的稻草等),你在试图改变视觉锤的同时就无法避免对你的品牌造成损害。

因此你无法摆脱现在的视觉锤。但是要变成一个有效的图案,需要长达几十年。

令人惊讶的是,很少有公司会把它们的视觉锤放在产品本身上。为什么科罗娜不把柠檬用在商标上呢?为什么百威不把克莱兹代尔马用在商标上呢?

公司花费几百万美元把视觉和语言上的概念钉入顾客的心智中,然后就不用烦恼把它们放到产品的商标上了。

在啤酒业务中,有一个成功的故事值得注意,那就是库尔斯淡啤（Coors Light），它现在拥有 8.5% 的市场份额。（绿色之于喜力，就如银色之于库尔斯淡啤。）

"银色子弹"（Silver Bullet）已经超越了淡啤第一品牌米勒淡啤（Miller Lite），后者的市场份额已下滑到 7.5%。

（大量的产品线延伸大大稀释了米勒品牌。从米勒豪华啤酒开始，这个品牌已经延伸出了米勒常规、米勒清啤、米勒冰爽、米勒真酿、米勒真酿淡啤、米勒冰淡啤、米勒珍藏、米勒珍藏琥珀、莱特真酿、超级淡啤、米勒真酿 64 等。）

但是，库尔斯淡啤还是远远落在百威淡啤之后，后者目前拥有 19.1% 的市场份额。

但我预计，多亏"银色子弹"视觉锤，库尔斯淡啤品牌会继续拉大领先于米勒淡啤的幅度。最近，库尔斯淡啤超越了百威常规啤酒，成为第二大啤酒品牌。

啤酒之王百威用了一个独特的方式强化它的语言钉进行了反击。

新的百威罐子用了红色的开启拉环，拉环上印着王冠符号。这是一个很难被人忽视的视觉概念。

在百威的瓶子上，生产商设计了新的瓶盖，其作用是阻隔外界氧气，保存里面的风味。

新瓶盖被称为"风味锁定

王冠",它用了视觉上的王冠形象,但与罐子塑料拉环上的王冠又不一样。

这是个错误。名字、口号和视觉锤一致才能建立品牌,而不是依靠多样性。

在颜色方面也如此。单一色总是比多色要好。对比一下汉堡王和麦当劳。

麦当劳几乎随处可见,而汉堡王餐厅几乎都看不到。

汉堡王的标识是什么颜色的?

旧标识　　新标识

大多数汉堡王餐厅都有儿童乐园,但那是麦当劳广为人知的特色。因此,在建筑物上的标识就成为汉堡王和麦当劳唯一的区隔了。

两种颜色很难记忆,3种颜色就几乎不可能被记住。原先的汉堡王标识看起来至少像个汉堡,新的标识看起来更像抽象的艺术作品。

有时候一个品牌应该使用的颜色很明显,但一些公司仍然搞砸了。维珍蓝(Virgin Blue)这家澳大利亚航空公司实际上却把自己的飞机刷成了红色。

用红色的飞机怎么可能把维珍蓝这个名字钉入顾客心智中呢?红牛也犯了同样的错误,它最初用的是蓝色的罐子,只有红牛可乐最初用的是红色罐

子（可乐的颜色）。（但这是产品线延伸的品牌，不会有效的。）

一个品牌常常从一种颜色起步，随后管理层决定将品牌延伸到不同的品类中。由此问题就产生了。这个品牌如何将自己在不同品类中区分开来呢？

最常用的方法之一就是使用不同的颜色。在这个过程中，品牌最初的颜色就丢失了。

谈到颜色，零售商不应该仅仅把标识与某个颜色关联起来，他们应该尝试把整个商场与一个特定的颜色关联起来。

多年前，全球知名化妆品及香水公司伊丽莎白·雅顿（Elizabeth Arden）将它在纽约的零售沙龙正门刷成了红色。

红色的门成为雅顿品牌的商标，目前它有31家红门（Red Door）SPA馆和伊丽莎白·雅顿红门SPA产品在使用这个商标。

几乎世界上每份报纸都是印刷在灰色的新闻纸上，而《金融时报》（Financial Times）用的是浅橙色的纸张。在一个报纸长期处于亏损的时代，《金融时报》一直保持盈利并称其拥有约210

万读者。

要推出紫色的心痛缓解药是需要一些勇气的。紫色小药丸耐信（Nexium）曾经是美国市场上销售额排名第二的处方药。它的生产商阿斯特拉捷利康（AstraZenica）甚至还推出了一个（很自然地）名叫"紫色药丸"的网站（PurplePill.com）。

红色是最容易引起警觉的颜色，例如在一个"停止"标牌上。一些不同寻常的事物常常被称为红色警报，即使这些事物与颜色或与警报本身并无关系。

因此，红色最常用于零售业，但是是在商场外部。

在商场内部，情况就不同了。零售商更青睐绿色、蓝色等悠闲的颜色，因为这样可以使顾客专注于产品而不是商场的装饰品。

红盒子（Redbox）这个大而鲜艳的红色DVD自动租赁机给影碟行业带来了革命性的变化。

在超市里，这些红色的租赁机很难被人忽视，每天1美元的租金也让顾客很难抗拒。

在百视达（Blockbuster）于2010年申请破产的时候，红盒子的业主币星（Coinstar）公司则在持续盈利。每年红盒子的销售额大约为10亿美元。

很多早期建立的品牌都会使用多个颜色，这是为了设计上看

起来美观，但并不会使这些品牌在一堆品牌中突显出来。这在今天过于饱和的市场上来看是个劣势。

万事达卡（MasterCard）和维萨卡（Visa）用的是什么颜色？你可能不记得。

为了和既有的信用卡公司竞争，史蒂文·斯特雷特（Steven Streit）有了一个主意——不用银行账户或与信用卡关联，就可以给用户办预付签账卡。这样的卡要用什么颜色呢？

当你是新品类中的第一个品牌时，你要忘记艺术品位和昂贵的设计师。很显然，可以用纸币的绿色。那么可以用的最简单的符号是什么呢？

很显然，一个圈。因此品牌名字就变成了绿点（Green Dot），第一个预付签账卡品牌诞生了，并且获得巨大成功。

运营4年，绿点的销售额增长到了每年3.64亿美元，净利润4 200万美元。绿点最近的市场资产额达到了24亿美元。

来看看绿山咖啡（Green Mountain Coffee）的成功。由于单杯式K杯的用量增长，绿山咖啡品牌成长迅速。2001年其销售额为9 660万美元，10

年之后,绿山咖啡的年销售额增至 14 亿美元。

有时候你选用一个功能上没那么有效的颜色,也可以获得成功。比如,白色的耳机就是苹果 iPod 非常有效的视觉锤。个人产品,特别是服装和那些你会与服装搭配的产品,例如手表等,都可以成为好的视觉锤。

iPod 拥有 74% 的 MP3 音乐播放器市场份额,没有品牌占据第二的位置,除非你把晟碟(SanDisk)7% 的市场份额称为第二名的话。

耳机绳传统上一直是黑色的。既然耳机绳无可避免,那么就尽量让它不那么显眼。没有什么颜色比黑色更能隐身了。

苹果恰恰选择了相反的方向,这总是一个发展视觉锤的好战略。另一方面,为什么要突显 MP3 播放器最不重要的一部分呢?

白色的耳机或许不重要,但它们使你的朋友或亲戚知道你拥有一个 iPod,而不是某些"模仿"品牌。

白色的耳机、经典曲线瓶、耐克的钩子和很多其他的视觉锤开垦的都是同一块概念田,它们将品牌的原创性视觉化了。

很多品牌忽略了维护它们所主导的市场份额的最简单的方法,真是令人羞愧。

有一个领先品牌的视觉锤做得特别好,那就是一直以来保持纪录的罐装浓缩汤品牌金宝汤(Campbell's)。

金宝汤的红白罐子就是美国的标志色,根据安迪·沃霍尔

（Andy Warhol）在 20 世纪 60 年代的丝网印刷作品而来。但如你所见，改变所带来的压力显然很难抵抗。红色的部分在罐子上越来越小。要过多久金宝汤就会把原来的红白标识变成另一种汤罐子呢？

至少金宝汤成功抵制了很多公司无法抵制的事情，那就是用不同的颜色来区分产品的多样性，而不是区分它的品牌。

我不知道有多少咨询顾问建议过金宝汤把它的豌豆浓汤做成绿白色的罐子，把它的鸡肉面条汤做成黄白色的罐子，把它的法式洋葱汤做成棕白色的罐子。

你在任何超市的货架通道里走上一圈，就会发现颜色主要都用来帮助顾客从单一的产品线里选择喜爱的口味。

这是一个令人满意的目的，但最初的也是首要的目的是一开始就把品牌识别出来。

看看苹果全白色的商标多么有效。最初，苹果的商标有 6 种颜色。比较一下这两个商标，你可能会想 6 色的商标比全白色的更吸引人，但是，"识别度"（identity）比吸引力更为重要。

苹果的"白色"视觉元素使得苹果产品具备高度的识别度，即使是在一定距离之外也能看到。苹果更进一步，在笔记本电脑上也印上了商标。更聪明的做法是在商标上做了一个被咬了一口的效果。

来比较一下黑莓（BlackBerry）和苹果。黑莓是一个很好的名字，它很独特，押头韵。事实上，对一家高科技公司来说，黑莓这个名字比苹果更好。

然而，有一个问题：你如何将"黑莓"视觉化？

黑莓用黑莓的种子形状作为品牌识别元素很没有说服力，这个奇怪的形状看起来什么都不像。

苹果蜂（Applebee's Neighborhood Grill & Bar）是美国最大的休闲餐厅连锁，有1 862家单店，2010年的销售额达43亿美元。

"苹果蜂"这个名字很显然是为了达到悦耳的效果，是由不同的单词组合而成的。在字母表中，a是第一个字母，而b是第二个，因此Applebee听起来就像是很自然的组合，然而反过来Beeapple听起来就很奇怪。

此外，苹果蜂很明智地选用了红色的苹果作为品牌的视觉符号，但是为什么要用一个只将半个品牌名做了视觉化的符号呢？

苹果蜂本可以使用两个符号，一只蜜蜂和一个苹果，但那样听起来很符合逻辑，只是

视觉上的处理是不对的。一个符号容易被人记住,两个符号容易引起混淆。

另一个用水果做品牌名的是"小红莓"(Pinkberry),是一个发展迅速的高端冷冻甜品连锁品牌。目前,该品牌约有135家单店。

蓝莓是蓝色的,黑莓是黑色的,但是小红莓是绿色的?

这可不是一个好主意,因为它很容易引起认知上的混淆。整个标识就应该做成粉红色。

小红莓的竞争对手之一,红芒果(Red Mango)是一个冷冻酸奶和冰沙品牌,实际上是市场上的第一个品牌,但增速缓慢,至今只有大约100家单店。

但红芒果的标识使用的是一个荧光红的圈,不仅在视觉上很有特色,而且同时强化了品牌名。

将颜色作为品牌名的一部分通常是个好主意,尤其是品类中缺少"颜色"命名的时候。但是要记住,消费者看待品牌是以字面为导向的。你的"颜色"品牌名需要一个使用与你的品牌名相同颜色的视觉锤。

## 第 5 章

# 产品:完美的锤子

PRODUCT: The ideal hammer

如果你能设计出包含一个视觉锤的产品，那么你在市场上就拥有巨大的优势。

当然，成为第一非常有帮助。当你是第一个品牌，独特的设计就是你在这个品类中领先地位的鲜活证明。

在这一点上，没有一个品牌比劳力士这个瑞士手表品牌开发得更好了。

它独特的表带和视觉锤一样，是一个身份的符号，将其奢华手表中的领导品牌定位植入到顾客的心智中。

和很多品牌一样，劳力士并不是市场上的第一个奢华手表品牌，但它是心智中的第一个奢华手表品牌。

新品牌的批量涌现总是意味着一个新品类的到来。

例如，个人电脑有几百个品牌，能量饮料有几个品牌。

拿最新的高科技产品平板电脑来说，在 2011 年 1 月举行消费电子展（Consumer Electronics Show）上亮相的此类设备就超过 80 个。

在每个品类中都有那么多品牌，因此"最好"的产品成为领导品牌的可能性非常低。

也许产品好很重要，但并不需要做到优于同品类中的其他很多品牌。

美国前总统约翰·肯尼迪说过："生命是不公平的，确实如此，在营销中如是，在政治中亦如是。"

尽管有很多证据可以证明事实恰恰相反，但仍有很多营销人认为领导品牌就是更好的产品。

事实并非如此。

例如，在消费品领域中，少有的独立产品测试机构之一消费者报告（Consumer Reports）常常发现第二品牌的产品超越了市场领导品牌。

在它的咖啡测试中，令人意外的结论是麦当劳咖啡的口味超越了星巴克。

令品牌成为赢家的是它是市场领先者的认知。这是一场认知战，而非产品质量战。

作为高端咖啡的市场领导者，星巴克被认知为比所有其他咖啡品牌都更好。

在一个充满了很多品牌的新兴品类中，要争夺顾客的心智份额，品牌需要首先进入心智并建立领先地位，这样就很难再被驱逐出去。（这与品牌是否第一个进入市场并不相干。）

纸巾中的舒洁（Kleenex）、番茄酱中的亨氏（Heinz）、蛋黄酱中的好乐门（Hellmann's）。看看文字和视觉。文字很弱，它们不容易被记住，缺乏可信度。相反，视觉锤很强，容易记住且带有情感关联。

很奇怪的一点是，夸张在视觉上能发挥作用，但很少在语言上起作用。"拉尔夫·劳伦是马球运动员穿的品牌"除了引起消费者的哈欠之外，什么效果也产生不了。

另一方面，马球运动员的视觉符号传递了完全相同的信息，这是一个强有力的图案。它传递的信息是拉尔夫·劳伦是个高端品牌，是这个品类中的领导者。

毕竟，除了游艇比赛，马球可能是全世界最昂贵的体育运动，常常都是百万富翁或皇室成员在玩。

短吻鳄传达了鳄鱼（Lacoste，运动休闲服代表品牌）的什么信息？

什么也没有，除了这个品牌叫鳄鱼。实际上，短吻鳄仅仅是代表一个词的图案，而马球运动员是将拉尔夫·劳伦界定为市场领导者的视觉锤。

视觉符号是强有力的，因为人们常常相信他们看见的，而怀疑他们听见的。人们常说："我知道这是真的，我亲眼看见的。"

一个视觉锤为品牌创造的可视度远远超过文字本身能触及的范围。

想想劳斯莱斯汽车。劳斯莱斯在美国市场上几乎不投放广告，也几乎没有公关活动，但这个品牌众所周知，常常被认为是全球最好的汽车品牌。

这并不是因为美国处处可见劳斯莱斯。2011年，美国市场上只售出348辆劳斯莱斯汽车。然而，劳斯莱斯的前栅是无可匹敌的视觉锤。尽管普通消费者每年都很少看到劳斯莱斯汽车，但是他们所见到的少数都

能留下长久的印象。

当你看到这个独特的前栅时,你不会说这是什么车,你会说,那是劳斯莱斯。

(同是2011年,美国市场上售出了250 426辆马自达。你记得多少辆在马路上见到的马自达?没有视觉锤,你的品牌几乎就是看不见的。)

保时捷、法拉利和迷你库珀(Mini Cooper)采用和劳斯莱斯同样的方法。在产品的设计上加入区隔性的视觉元素,然后在几十年(而非仅仅几年)里保持这种区隔性。

拿混合动力车来说。在美国市场上约有25款混合动力车型,但只有普锐斯(Prius)占据市场主导份额。

在最近一年,丰田普锐斯占据了51%的市场份额。

比较一下本田和丰田。自2002年以来,本田公司一直在出售混合动力思域(Honda Civic Hybrid)来与丰田普锐斯竞争。

9年来,购买普锐斯的消费者数量是购买思域混合动力的数量的4倍。

区别在哪里?普锐斯就是一个视觉锤。它看起来就像是个混合动力车,也就是说它看起来与其他任何马路上的汽车都不同,更小,也更古怪。本

本田混合动力思域

田的思域混合动力车看起来与思域轿车一模一样。

换言之，它看起来和公路上别的本田思域没有差别。我邻居有一辆本田思域混合动力车，车身上有个无意义的"HYBRID"（意为"混合动力"）牌照。人们不仅仅想要一辆混合动力车，他们还想要一辆看起来像混合动力的车。

另一方面，"普锐斯"这个名字已经被用独特的视觉植入消费者的心智里。而本田思域混合动力既没有视觉锤，也没有语言钉。

最近，丰田声明将把普锐斯作为独立品牌运作。这是一个很好的想法，会进一步把普锐斯的语言钉和它的领导者地位植入消费者的心智。

看看最近几乎每个主流汽车企业都在推进的电动车。最早在马路上看到的是雪佛兰沃蓝达（Chevrolet Volt）和日产聆风（Nissan Leaf）。

你有注意到过日产聆风吗？它们很难被注意到，因为产量有限，而且看起来和其他的小型车没有区别。

重新设计车身为时已晚，但日产本可以将起初几年生产的所有聆风使用同一种颜色。

我的选择会是"绿色电力"。

如此简单的一步，几乎没有什么成本，但会大大增加日产聆风这个品牌在街上的"可见度"。而且，有一个"Leaf"（字面意思为"叶子"）这样的

名字,还有什么颜色比绿色更合适呢?

既然说到了单一色,你可能会想最早购买这辆车的顾客或许会抱怨可选择的颜色太少。对此我不这么认为。他们为什么要选择聆风?不是为了省钱,而是为了表达某种生活态度。"看我,我很注重保护环境。"

一个与众不同的颜色更能生动表达这种态度。

你也可以用负面的视觉锤。拿2008年亮相美国市场的Smart汽车来说。

起初,这款汽车获得了很多正面的公关效应。容易驾驶、容易停车、低油耗。在其上市后的第1年,一共售出24 622辆。

随后,Smart汽车的销量陡降。第2年只售出14 595辆,第3年只有5 927辆,到了第4年只有5 208辆。

要搞清楚Smart汽车何以至此并不难,它在马路上的可见度总是会招致很多负面的评论。

"为什么要用一辆车的钱去买半辆车?"或者"在它后面还有18个轮子的时候,这车是什么样子呢?"

有时候你看起来太不同了,不仅是你的潜在顾客这么看待你的产品,其他人也这么看待你的产品。

社会压力甚至还会被社会媒体放大,它对消费者选择购买或不购买的产品和品牌来说都起着重要的角色作用。

人们选择品牌是为了表达自我,他们会选择希望人人都知道其所代表含义的品牌。

但是在一些品类中,要创造一个区隔性的视觉并不容易。你可以做一件看起来很不同的男式衬衣,但是会有什么人想要穿这件衬衣呢?

相反,拉尔夫·劳伦将马球运动员的形象放在了它的衬衣上,这是第一款承载了商业信息的男式衬衣。之后它做了一个大胆的尝试,去掉了衬衣的口袋,节省了成本,也让衬衣看起来有一点点不同。

有时候你可以做相同的事,减少一些东西,使你的产品看起来有些不同。

数年前,薄荷糖产品的创造者和一个生产商签订协议,约定将薄荷糖压制成规则的形状,但是这个生产商发现在压制的过程中,如果中间留个孔,压制就会顺利得多。因此就把品牌命名为"救生圈"(Life Savers),宣传口号就是"中间带孔的薄荷糖"。

不久,"救生圈"成为美国薄荷糖市场上的第一品牌,并且从此以后一直占据首位。

有一个如此强大的视觉锤,你也许会认为把"救生圈"品牌扩张到口香糖混合型果汁饮料等品类中就会容易得多。

这家糖果公司的一位执行官曾经说过:"我们的消费者意见调查表明,'救生圈'品牌名所传递的信息并不仅仅是'中间带孔的薄荷糖',它还意味着绝佳的口味、出色的价值和可靠的质量。"

其实并非如此。"救生圈"口香糖、"救生圈"果汁饮料和其他"救生圈"延伸产品都没能生存下来，只留下"救生圈""中间带孔的薄荷糖"。

即使一个产品取名叫"救生圈孔"（Life Savers Holes）也完全是个灾难。

视觉锤不是一个重重的锤子，它更像是一个家里装饰用的锤子，有一个窄窄的头。它使得"救生圈"和在售的中间带孔的口香糖品牌 Gummy Savers 区隔开来。

但这个锤子还不够大，不足与"救生圈孔"这样的产品区隔出来。

Cheerios 在早餐谷物品类中做了和"救生圈"在糖果品类中所做的一样的事情。大多数的早餐谷物都是由小麦、玉米、燕麦或麸皮做成的薄片。这些品牌从包装盒上能一一分别出来，但倒在碗里就什么都分不出来了。

Cheerios 则不同，它是一个离碗 20 英尺（约 6 米）远也能认出来的早餐谷物品牌。"中间带孔的谷物"就是这个品牌的视觉锤，它将 Cheerios 这个品牌从其他几百个早餐谷物品牌中区隔出来，其他品牌看起来都非常相似。

因此，Cheerios 成为早餐谷物的第一品牌就一点也不令人意外。在超市中，每卖出 8 盒同类产品，就有一盒 Cheerios，其市场份额是第二品牌 Kellogg's Special K 的两倍。

另一个通过运用"小孔战略"成为市场主导品牌的是托马斯英式小蛋糕（Thomas' English muffins）。

（图上英文意为：原创的蓬松英式蛋糕）

"原创的蓬松英式蛋糕"这个语言钉表达了品牌的原创性和区隔性。标识上的英式公共马车也能将这个钉子钉入心智。

还有一款鞋子名叫海滩（Beach），鞋子上有一些洞眼用来通气和排水。

谢天谢地，它们放弃了"海滩"这个名字，重新将鞋子命名为"卡骆驰"（Crocs）。这个品牌很快后来居上，发展出一批忠诚且高调的追随者。

"人们会说，天啊，这鞋好丑，"卡骆驰创始人杜克·汉森（Duke Hanson）说，"然后我们会说，你就穿上试试吧。"

（图上英文意为：丑的也可以是美的）

最后就有了这个品牌的语言钉："丑的也可以是美的。"

卡骆驰的发展是惊人的。在 2002 年时还毫无成绩，5 年之后销售额就达到了 8.47 亿美元（且净收益为 1.68 亿美元）。

卡骆驰的衰落和它的发展一样惊人。在 2008 年和 2009 年，卡骆驰销售额达 14 亿美元，亏损 2.29 亿美元。

这是一个典型的"太多又太快"的例子。卡骆驰不仅用多种不同颜色的产品淹没了市场，它还迅速地增加了很多其他的款式：平底人字拖、凉鞋甚至还有女式高跟鞋。尤其令人困扰的是，很多延伸的款式试图走吸引力和时尚的路线，而这恰恰削弱了品牌的语言钉"丑的也可以是美的"。

很难相信父母是丑的。

此外，卡骆驰花费数百万美元收购了生产乙烯树脂鞋的 EXO 意大利公司和生产手杖、手套、短裤和肘垫的 Fury Hockey 公司，甚至还有传闻说卡骆驰要推出卡骆驰服装。（带洞眼儿的服装吗？）

幸运的是，这些延伸的产品线大部分已经被清理掉，2010 年卡骆驰重新盈利，销售额达 7.89 亿美元，净收益为 6 770 万美元。

即使是最细小的孔也可以作为视觉锤的资源。

健乐士（Geox）是一个拥有极好业绩记录的品牌，它生产会呼吸的鞋子。目前，公司每年的销售额都超过 10 亿美元。更为惊人的是它的利润率，在过去超过 5 年的时间里，平均年净利润率约为 14%。

健乐士是利用语言和视觉力量去建立品牌的一个很好的例子。

如果你只是关注健乐士这个品牌的特点，你可能会得出这样的宣传口号："你能买到的

（图上英文意为：会呼吸的鞋子）

最健康、最舒适的运动鞋。"

这句话都表达出来了,对吗?当然,但是它无法形成视觉锤。

你如何把"最健康"和"最舒适"这些概念视觉化呢?你没有办法。但是"会呼吸的鞋子"就将它本身转变成了一个具有戏剧效果的视觉锤。

值得注意的是,没有了视觉元素,语言上的表述也就变得平淡无奇。

"会呼吸的鞋子?太荒唐了。鞋子不呼吸。"

(正确的视觉元素常常难以置信地有效,因为很多消费者常常愿意接受看到的,却会立刻抵触听到的。)

锐步(Reebok)最近推出了一种新的运动鞋技术,并引起了消费者的兴趣。这种被称为ZigTech的技术,是给鞋子用了独特的Z字形几何学原理,能够助推跑步运动员并帮助减少肌肉损伤。

它是一个很好的视觉锤,但却迷失在一堆令人混淆的文字表述中。这种技术被称为ZigTech,利用这种技术的鞋子设计被称为zigzag,而最近的
延伸是"ZigTech Nano",在市场营销中又被称为"ReeZig-更多能量"。更好的方法可能是推出一个基于ZigTech的新品牌。

视觉锤对高端时尚产品特别有效。它们会告诉你的朋友或亲戚你有多么明智(或愚蠢)。拿特别昂贵的路易威登手袋来说。

它们有一个独特的多标识设计,谁都能在大街上认出来。

在一些圈子中,一只路易威登(LV)手袋就是一个女人必须拥有的物件之一。根据一份报告,在东京,超过90%的女性在20多岁的时候就拥有一只路易威登手袋。

如果手袋本身不是那么"古怪",路易威登的销售额就不会那么高。

当然,产品应该吸引人,但是有时候与众不同更重要,就像路易威登、卡骆驰和其他成功品牌所证明的一样。

在Interbrand最近的报告中,路易威登是全球第16位最具价值品牌,市值219亿美元。第44位最具价值品牌古驰(Gucci)也是一个拥有强大视觉锤的品牌。

事实上,古驰有两个视觉锤,这是很少有品牌能负担的奢侈:红绿条纹和双G互锁的标识。

古驰的这两个视觉锤都很好,但它的语言钉如何?

古驰和路易威登都可以用语言表达它们在奢侈品中的地位并从中获益,但要总结出合适的语言表述并不容易。

拿起一本《时尚》(Vogue)杂志,看看那些时尚广告。就像这个古驰的广告,你会发现大多数奢侈品广告都是全视觉化的,所有的文字就是品牌名。因此有一个很好的机会,可以通过发展出能够将其视觉化的语言钉来"打破这个时尚模式"。

巴拉克·奥巴马在2008年就是这么做的。他的总统大选活动引起了营销界的注意。在美国广告主协会(Association of National Advertisers)2009年的年会上,奥巴马被选为"年度营销人"。

他的2008政治活动结合了一个容易记忆的钉子(我们可以信任的改变)和一个容易记忆的视觉锤(升起的太阳)。

(图上英文意为:我们可以信任的改变)

这个组合产生了颠覆性的胜利,几乎没有学者在一年前预测到。

这样一个起初几乎并不为人所知的参议员、少数人群体的一员、有一个不寻常的名字的男人当选为美国总统,就足以证明锤子和钉子营销法的有效性。

但问题也随之而来。奥巴马2012年的大选活动可以聚焦于什么主题?不该是"改变"了。为什么呢?

因为在任者总是具有优势。有一种说法,认识的恶魔(比不认识的恶魔)更好。奥巴马

需要强调他在"最终将建成"的经济建设中的领导地位。换句话说，现在工作只完成了一半。

或者，正如他在演说中讲到的"我们已经走得太远，无法回头"。因此使用 2008 年的符号，不要改变主题，就是个很好的方向。

语言钉甚至也可以更好："我们已经走得太远，无法回头。"

第 6 章

**包装：做得不同**

PACKAGE: Make it different

大多数品牌都关注产品，强调的是研发和生产一个无可争辩的超越竞争对手的产品。

包装作为建立品牌的要素常常被忽略。当然，包装本身承载着信息，表达这个品牌的各个优点，但是实际包装的形状和构成，都可以成为重要的视觉要素。

包装设计常常委托给生产专家们，他们渴求效率、成本和实用。好乐门就是一个好例子。它是领先的蛋黄酱品牌，但包装却非常普通。好乐门看起来和货架上其他的蛋黄酱罐子没什么差别。

另一方面，创意性的包装如何帮助建立一个主导品牌，亨氏番茄酱就是一个好例子。它独特的八边形玻璃瓶能够被大多数消费者立刻识别出来。它几乎与可口可乐的曲线瓶一样有名。

每个高端白台布餐厅都会在餐桌上用亨氏番茄酱，很少有其他食品品牌能有如此待遇。

数年来，亨氏的营销主题一直是"西部最稠的番茄酱"，这是最为有效的语言钉之一。

据公司人员称，亨氏番茄酱从玻璃瓶里流出的速度是每小时0.028英里（约45米）。如果番茄酱的黏度低导致其流出的速度比这个速度快，那么

产品就不会拿去出售。

目前,亨氏正在推出最大量的塑料瓶装番茄酱,可以以更低的价格出售。但就像可口可乐和它的曲线瓶,亨氏的八边形瓶子仍然是这个品牌重要的视觉锤,即使玻璃瓶装的销量相对少一些。

你如何让一双连裤袜看起来不同?(大多数女士都希望穿上连裤袜也看不出来。)

如果你无法使你的产品看起来不同,那么你可以让你的产品包装看起来不一样。

多年前,汉斯公司(Hanes Corporation)推出恒适品牌,成为领先的连裤袜品牌。但恒适品牌只在百货商场出售,公司想要在超市和大卖场推出第二个品牌。

它选择的名字非常好,包装(也就是视觉锤)更令人叹为观止。

原包装　　　新包装

双关语"L'eggs"简直是超市出售的连裤袜的完美名字,塑料蛋形的包装更是夺人眼球的视觉锤。

L'eggs获得了巨大成功,成为全美最畅销的连裤袜品牌,但显然塑料蛋的包装成本太高,L'eggs将塑料包装换成了硬纸包装。

这并不是一个糟糕的想法。启动一个新品牌是一项艰难的运作,特别是针对超市渠道。

(在美国,每年约有17 000种新食品上市。)

在一些品类中,可能用异常昂贵的包装来推出新品牌是有意义的。然后，在这个品牌成功之后，可以退回到传统包装，以保持品牌合理的价格。

另一个每年都会出现大量新品牌的品类是饮料。最近一个成功的新饮料品牌是维他命水（Vitaminwater）。它取得的成功使得可口可乐公司在 2007 年以 41 亿美元现金收购了维他命水和 Smartwater 的生产商 Glaceau，这是该公司迄今规模最大的收购案。

维他命水的瓶子也许是最醒目的饮料包装瓶子了，它们让我想起药店货架上一排排的处方药，而这正是"维他命"饮料的概念。

维他命水这个品牌是否值 41 亿美元另当别论，但你不得不赞许这个品牌的视觉锤。

注意，尽管维他命水的瓶子设计得很像一瓶维他命，但如果你不是率先进入市场，那么这个战略就是完全错误的。

如果你不是新品类中的第一个，你要将瓶子设计成完全不属于这个品类的产品瓶子。

拿伏特加来说，它是最古老的一种酒。一些波兰的伏特加品牌甚至可以追溯到几个世纪之前。牛草伏特加（Zubrowka）和斯达卡（Starka）源自 16 世纪，金水酒（Goldwasser）源自 17 世纪早期。

将它们和一些俄罗斯品牌做个比较。来自瑞典的绝对伏特加（Absolut）直到 1979 年春天才推出市场，简直就是个小婴儿。

尽管起步很晚，绝对伏特加的瓶子仍将成为全球最著名的视觉锤之一。它不但没有被设计成一个伏特加瓶子，相反，它的设计看起来更像一个药店里的药瓶子。

瑞典广告执行官冈纳·布罗曼（Gunnar Broman）把这个瓶子和品牌名带给广告代理商N. W. Ayer，请他给这款新伏特加设计广告。

这家美国公司给出的第一个反馈是："它看起来就像是一个药瓶子，像是用来装血浆或者其他东西的。"另一个人插话说："你卖不出这个东西的，或许你可以试试卖给医生。"

最后，TBWA广告公司接下了这个客户，并且使绝对伏特加瓶子成为长期的广告之星，获得了多项大奖。

典型的广告标题是"绝对吸引""绝对完美"和"绝对珍藏"。

瓶子的广告有效吗？绝对伏特加成为美国市场上进口伏特加的第一品牌、全球十大最畅销蒸馏酒品牌之一。

（图上英文意为：绝对吸引）

（图上英文意为：绝对完美）

《广告时代》将绝对"瓶子广告"誉为20世纪最好的100个广告之一。（排名第七。）

如果瓶子是锤子，那么绝对伏特加的语言钉是什么？在我看来，是它的高价格。与美国最畅销的领先品牌皇冠伏特加（Smirnoff）相比，绝对伏特加的价格高出70%。

这对一个原则上来说必须"没有颜色、没有味道和气味"的产品来说，是一个很大的价格差。

但为什么绝对伏特加没有在广告中体现它更高的价格？事实上，要说出"更贵"但又不显得笨拙粗鲁，并不容易。

另外，喝伏特加的人只要在商店里买一瓶绝对伏特加或者在餐厅点一杯绝对马提尼（Absolut Martini）就能马上意识到它更高的价格。

另一个问题，为什么那么多的视觉锤是由刚刚起步的公司而非大公司发展出来的？

像IBM、施乐（Xerox）、惠普、通用电气、威瑞森⊖、英特尔、诺基亚、丰田、思科、甲骨文（Oracle）和AT&T等一些大品牌的视觉锤在哪儿？

如果一家大公司拥有视觉锤，它常常是一个可以追溯几代的遗留下来的视觉锤。像奔驰的三角星、劳力士的表带和金宝汤的罐子。

大公司通常会在做重大营销决定之前进行广泛的调研，而消费者并不喜欢太与众不同的东西。

"我们花了65 000美元做调研，结果并不乐观。"原本计划将绝对伏特加进口到美国市场的一家美国公司总裁米歇尔·鲁克斯（Michel Roux）说。

"调研结果显示，这个瓶子在货架上也不显眼，名字也和伏特加没什么关系，瑞典也不是一个以生产伏特加闻名的国家。"

---

⊖ 威瑞森（Verizon）是美国第一家提供320万像素照相手机配套销售的无线运营商。——译者注

从心理学角度来说，消费者喜欢"更好"的东西，而不是"不同"的东西；但从营销法则上来说，真正有效的不是"更好"，而是"不同"。

如果你没有将瓶子做得不同，那么你或许可以用不同的杯子来喝。

这就是时代啤酒（Stella Artois）在1999年刚进入美国市场时所用的战略。

在推出这个新啤酒品牌时，时代啤酒的比利时酿酒公司百威英特布鲁（Interbrew）将销售渠道限定在曼哈顿的20家酒吧和俱乐部。

此外，它每桶的售价比其荷兰竞争对手喜力要高出20%。

这是需要勇气的，因为时代啤酒就是比利时的百威，普通的快餐店用塑料杯来卖。

在美国市场上的时代啤酒没有用塑料杯卖的。百威英博公司给酒吧提供特制的金色高脚杯和贩卖时代啤酒时特殊的礼仪培训。啤酒要保持在36～38华氏度，泡沫要用勺子刮掉。

（实际上，时代啤酒的杯子并没什么特别。在比利时，每种啤酒都有专属的杯子来突显其独特风味，时代啤酒也不例外。）

由于它独特的杯子视觉锤，时代啤酒销量大增。这个品牌进入了全国销售网络，最终进

入超市和其他零售终端。一些时代啤酒的罐子上甚至画上了它独特的杯子。

如今，时代啤酒是美国市场上十大进口啤酒品牌之一。

时代啤酒缺少的是语言钉，它目前的定位"完美自有价值"充分描述了这个品牌，但不易记，也缺少区隔特性。

这是时代啤酒、绝对伏特加、科罗娜和其他很多具备有力视觉锤和虚弱语言钉的品牌共有的潜在问题。

由于视觉锤的力量一部分是基于它的冲击力，因此随着时间推移，视觉锤会失去部分的营销效力。

语言钉则相反。除非你用了网络电视上的7个忌讳词中的一个，否则任何词汇的组合都很难产生醒目的冲击力。

French Connection 或许是个例外。2001年，公司开始在英国以"fcuk"品牌名销售它的服装。

一封从它中国香港门店发到英国的传真上写着"FCHK 至 FCUK"，于是就有了现在的首字母缩略词。

尽管公司坚持称FCUK是 French Connection United Kingdom 的首字母缩写，但它与另一个引发争议的词十分相似。French Connection 生产了一系列印有"fcuk 时尚""fcuk 足球"和"在沙滩上 fcuk"等信息的T恤衫来进一步开发这个争议词。

不同于视觉锤，语言钉随着时间累积会变得更可信。起初，消费者会质疑类似"终极座驾"之类的说法。但随着时间累积，不断地重复，语言表述的可信度实际上会增加。

你第一次听到耐克的口号"只管去做"（Just do it）时，你可能会想：嗯，这是什么意思？但最后，"只管去做"不再仅仅是一条标语，它成了年轻一代人的战斗口号。越多的人认同一则口号，这则口号就越有力。

在使用一则口号之前，营销人犯的主要错误就是去测试这条口号。消费者的第一反应并不重要，重要的是他们在听到这条口号 50 次甚至 100 次之后是什么反应。

但是你怎么能提前知道他们的感受呢？没有办法。但一条有用的经验法则是要确保视觉锤与钉子紧密关联。

营销就像是做木工活，你的锤子有多好并不关键，你必须不断锤打钉子，才能使品牌取得成功。

时代啤酒的杯子是一个很好的视觉锤，但它与钉子"完美自有价值"的关联度不够。

当然，你想一想还是能关联起来。昂贵的杯子相当于昂贵的啤酒，这就是你为完美的啤酒付出的价值。

但要奏效，关联必须是即时就能产生的，不需要思考的时间。要奏效，时代啤酒就要在语言钉里用上"杯子"或者其他类似的东西。

（图上英文意为：来自法国阿尔卑斯的天然水）

来看一看时代啤酒的杯子和依云水（Evian）的"山脉"之间的差别。这个"山脉"不仅仅是装饰商标的图案，它是视觉锤，而"来自法国阿尔卑斯的天然水"就是钉子。

"山脉"这个视觉锤和法国阿尔卑斯这个语言钉两者的结合，使得依云成为全球最畅销的高价饮用水品牌。

高胜啤酒（Grolsch Premium Pilsner）拥有最独特的包装视觉锤，它看起来既贵又老式，但这是高胜成为全球第21大啤酒生产商和荷兰第二大啤酒生产商（仅次于喜力）的原因。就像杰克丹尼（Jack Daniel's）

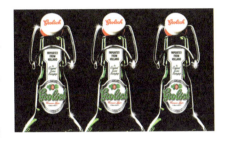

的瓶子，高胜的弹簧瓶盖意味着它的独创性和古典的品质。

糟糕的是，高胜缺少一个与它的弹簧瓶盖视觉锤一致的语言上的概念。

尽管如此，高胜还是在2007年被南非米勒（SABMiller）以12亿美元收购，这对一个老式的啤酒品牌来说并不算坏。

有一个老式的包装概念在蒸馏酒业界引发了轰动，那就是Maker's Mark波本威士忌的红色滴蜡封签。

这个红蜡封签不仅看起来独特，而且它是该品牌的合法商标。红色滴蜡是视觉锤，那么语言钉是什么呢？

是它的名字。Maker's Mark（有"酿者之傲"的意思）所传递的信息是这款波本威士忌是由工匠手工制作的。

Maker's Mark 31年来保持两位数的增长率，在优质波本威士忌品类中占据70%的市场份额。

另一个包装上的视觉锤是将产品用纸包裹起来并扎上金色的带子。

李派林酱油（Lea & Perrins）就是这么做的，据报道它占有同类产品市场97%的份额。

钉子是什么？是包装上的"原创"（original）一词，连同这个品牌主导性的市场份额一起，突出了李派林在这个品类中的领先者地位。

当一个品牌占据如此高的市场份额时，它几乎不会受到竞争的影响。在个人电脑操作系统行业也如此，Windows数十年来一直占据90%的市场份额。

Pom Wonderful品牌的石榴汁也是这么做的。它有一个与其他饮料都不一样的包装瓶，形状确实独一无二。

一项特别有效的宣传是石榴红（Pom Wonderful）品牌给瓶子披上了超人的披肩。

语言钉就是：超级抗氧化。这是一个听起来可以用一生的口号。

（图上英文意为：超级抗氧化）

第 7 章

## 动态：比静态更有效

ACTION: More effective than stills

毫无疑问，包含了动态、运动或游行的视觉锤比那些静态的视觉锤或静止的画面更有效。

而最能把控"动态"的广告媒体就是电视。

这就是为什么在印刷和广播媒体纷纷衰落的时候，电视行业还能持续繁荣。例如，2010年，在电视广告上的投资耗费就超过了报纸、杂志和广播媒体广告投放金额的总和。

例如，多芬（Dove）香皂含有1/4的乳液。多年前，一则典型的平面广告试图说明这个产品特性，画面是一个在浴缸里的女士和宣传口号"沐浴时多芬滋养您的皮肤"。

但是是电视将多芬品牌打造成市场领导者，使其拥有了24%的肥皂市场份额。

是什么视觉锤将多芬这个品牌植入消费者的心智？是动态画面，画面里一只手正在将乳液倒入一块多芬肥皂。

非常简单，但极为有效。

用语言表达"1/4的乳液成分"和将其用画面呈现出来有什么差别？

没有差别。语言和视觉传达的是完全相同的信息。不同的是可记忆性。

每人每天平均要看到或听到42 000个词。

在这42 000个词中，大多数人都记住了几个？很少。此外，他们并不完全相信自己听到或看到的词。

电视视觉演示，特别是它包含了令人震惊的元素时，就不仅易记，而且可信。

视觉上的"震惊"并不一定是类似红海分离那样引人注目的东西。电视是一个亲密的媒体。约翰尼·卡森（Johnny Carson）⊖曾因为抬了抬眉毛就招来大笑。如今，乔恩·斯图尔特（Jon Stewart）或斯蒂芬·科尔伯特（Stephen Colbert）也可以做相同的事情。

（约翰尼·卡森）

随着电视节目清晰度越来越高，电视机也越来越大，潜在的敏锐性也随之增加了。

视觉上的"震惊"还可以通过元素的并列来实现。将一杯滋养乳液倒入一块肥皂创造了视觉上的张力或震惊。

迷你库珀是一辆让人震惊的汽车吗？并不是，它不过是一辆小小的汽车。福特远足（Excursion）是一辆让人震惊的汽车吗？也不是，它不过是一辆大 SUV。

2002 年，宝马在美国市场上推出迷你库珀的时候，将几辆迷你库珀放在了福特远足上，并在城市的马路上开车游行。标题是："这周末你找什么乐子？"

另一个元素并列的例子是纯果

---

⊖ 曾是美国著名的节目主持人，曾主持美国国家广播公司(NBC)深夜时段著名脱口秀节目《今夜秀》。——译者注

乐（Tropicana）"插进橙子的吸管"。吸管或橙子本身在视觉上并不惊人，但它们的组合让人印象深刻。

特别是在电视上，观众可以看到有人将吸管直接插进橙子里，然后喝起橙汁来。

你可能会想，用吸管是喝不到橙子里的橙汁的。这是事实，但视觉上能引发的情感力量和是否与事实相背并无关系。看的人会想，纯果乐里有整个橙子的橙汁，因为它不是"浓缩"调配出来的。

同样惊人的是这个品牌的市场份额，尽管纯果乐的"非浓缩"品牌售价很高，但它仍占据约30%的市场份额。

然而，最近纯果乐决定放弃包装上"插进橙子的吸管"的视觉锤，聚焦于语言途径。

随着新战术的推进，没有吸管图案的新包装也出现了。新的营销活动主题都基于一个词"压榨"。

纯果乐北美公司的总裁在《纽约时报》的报道中解释了这个概念："压榨的整个概念是为了突显橙汁在人们的日常生活中提供水果所需的基本功能，并且让人们在情感上与纯果乐更为紧密。"

纯果乐的广告代理商董事长补充道："压榨是我们获取这个产品和消费者拥抱的工艺。"

"在奥巴马的这个时代,拥有一个简单的词就能传达友爱、关怀。"该董事长说。

这是典型的左脑思维,完全关注于文字的理性力量来激发情感,而不是利用视觉本身所具备的情感激发力。

要用什么视觉来表现"压榨"这个词呢?让一个消费者拥抱一个橙子?我可不这么认为。

正如大多数人所知,消费者对纯果乐的新营销活动的反馈是迅速而不满的。

我从来没有看到过那么多负面的评论像潮水般涌来。在两个月内,纯果乐的销量下跌了20%。

负面的反应来得非常迅猛,纯果乐不得不放弃了新包装,重新用上"插进橙子的吸管"。

(图上英文意为:16只鲜橙置身其中)

事实上,纯果乐有两个视觉锤,一个是插进橙子的吸管,另一个是在纸盒上象征性地打开的拉链,似乎可以让16个橙子跳进纯果乐的包装盒。

这两个视觉锤都很好,但两个会比一个更好吗?我不这么认为。它们会引起视觉上的混淆。

另一个情感上十分有说服力的视觉锤是黄页(Yellow Pages)的标识及它的语言钉"让你的手指代替出行"。走路的手指在电视上特别有效,尽

管大多数时候这一视觉锤被用在印刷媒介上。

当然，今天 Google 掠夺了黄页广告的市场，因为越来越多的消费者用手指在网上搜索信息，取代了用手指翻黄页。

Google 用干净的白页面和搜索栏建立了它的品牌。没有什么特别的东西，也没有什么变化。但在每年的一些特定日子，Google 会将它的标识做些修改，来庆祝像美国独立日之类的特别时刻。

所用的图案原来是静止的，但最近 Google 开始使用动态图，并带上节日的标志来突显这些特别的时刻。

那些以语言思维为主的执行官可能永远都不会想到这个"动态"的想法。他们用文字而不是画面思考，他们认为这两者是可以互换的。

为了传达视觉的本质，人们只需要用语言表达它。

事实并非如此。视觉激活的是你大脑的右半侧，是情感的一侧，而语言表达激活的是你大脑的左半侧，是理性的一侧。

萘普生（Aleve）有一个很好的锤子（一瓶萘普生相当于4瓶加强型泰诺）和一个很好的钉子（如果你可以吃更少的药，为什么不呢），但是他们把这钉子主要用在印刷上。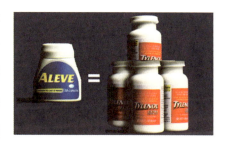

在电视上，萘普生用了"生活幻灯片"广告，使用者在广告中谈论萘普生的好处，而没有用一个强有力的视觉锤去演示。

两片萘普生与 8 片泰诺的对比有效地显示了差别，甚至比瓶子剂量的对比更有效。越详细越好。"两片萘普生就能缓解一天疼痛。"

也许没有什么电视广告能做到像20世纪60年代的万宝路广告那样能证明视觉锤的力量。

都是牛仔、马、情节，几乎没有语言文字。

（图上英文意为：两片萘普生就能缓解一天疼痛）

万宝路广告的音乐就是电影《豪勇七蛟龙》（The Magnificent Seven）的主题曲，由尤·伯连纳（Yul Brynner）和史蒂夫·麦奎因（Steve McQueen）主演。这段音乐也给广告动态画面增加了情感效应。

音乐不会随时间流逝而休止，不像页面上的文字。音乐是听觉上的活动。它总是在流动，去向某处。不论时间是急是缓，音乐总在流动。

这是一个乐章和音乐本身的差别。

1971年颁布的烟草电视广告禁令终结了万宝路的广告。

但今天，带有音乐主题的电视视觉锤如何激发情感效应，仍然值得我们研究。

## 第 8 章
# 创始人：天生的锤子
FOUNDER: Natural-born hammers

我们生活在一个名人崇拜的世界。媒体深深着迷于富人和名人的生活,甚至只要是普通人名声败坏,他们也会出名。

美国最成功的杂志不是新闻刊物、体育杂志或财经类杂志。而是一本名人杂志《人物》(People),它的广告页数超过任何一本杂志。

不要责怪媒体。我们对于名人的痴迷要归咎于购买这类杂志的消费者或成群结队痴迷于《名人学徒》(Celebrity Apprentice)、《泽西海岸》(Jersey Shore)或《与卡戴珊姐妹同行》(Keeping up the Kardashians)名人秀等电视节目的观众。

甚至企业界的巨头也获得了公众的关注。令人惊讶的是,有那么多企业的 CEO 和他们的公司一样出名。

戴尔公司的迈克尔·戴尔、星巴克的霍华德·舒尔茨、微软的史蒂夫·鲍尔默、维珍航空的理查德·布兰森、甲骨文的拉里·埃里森、通用电气的杰夫·伊梅尔特、Facebook 的马克·扎格伯克。当然,还有美国地产大亨唐纳德·特朗普。

我们通常会建议我们的客户,如果你想要公司出名,你就让你的首席执行官也出名。

公司的创始人可以从名人崇拜中获得两个好处:人人都对开公司的人充满了好奇;人人都认为公司的产品和服务反映了创始人的价值。如果你两方面都能得到,就像史蒂夫·乔布斯,那么公关的潜在效力就会翻倍。

名人崇拜是一个相对较新的发展，但是创始人崇拜则不是。亨利·福特在一个多世纪前就创立了福特汽车公司，而这家公司至今仍将他的签名作为商标。

为什么一个将营销目标定为要建立汽车行业最新技术的现代化公司仍然将其创始人亨利·福特老式的签名作为标识呢？这难道不会让这个公司看起来有点过时吗？

有可能。但这个老式的签名也表现出正统和持续性。任何一个能拥有像福特汽车公司一样悠久历史的公司，一定一直在做正确的事情。

正统的概念在一些出售"无形产品"的行业尤其重要。当你买了一份人寿保险单，你得到了什么？

你可能每年花费数千美元，但除了一堆纸，什么也没有。

正统和财务稳定性是你购买保险时对保险公司一个很重要的考量点。

这就是为什么在1862年时，一家波士顿保险公司的创始人借用了独立宣言上的56个签名之一。

如今，一家加拿大公司下属的恒康金融服务集团（John Hancock Financial Services）成

为美国一家主要的保险公司。在 56 个签名中，约翰·汉考克（John Hancock）是最为出名的一个，而且你能看到原因。

Hancock 的签名很大很精致（将近 5 英寸宽，约 12.7 厘米），相比之下其他 55 个签名看起来就像是小矮人。

想象一下《独立宣言》上的一个视觉锤。

杰克丹尼是全球最畅销的威士忌，也是美国第四大酒品牌 [ 位于皇冠伏特加、百家得（Bacardi）和摩根船长（Captain Morgan）朗姆酒之后 ]。

杰克丹尼成功的一个原因是它有悠久的历史。酿酒厂成立于南北战争之后的 1866 年，是全国第一个得到生产许可的酿酒厂。

各品类不尽相同，但在酒水饮料品类中，历史是优势，而不是劣势。看看老祖父（Old Grand-Dad）、老鸦（Old Crow）和昨日英伦（Olde English）等品牌的成功就知道。

再看看新可乐（New Coke）的失败。一个饮料品牌一旦建立起来，改变只会在消费者中间引起混淆。

在所有类型的饮料中，仅有历史是不够的。你还要传达这个品牌从未改变的概念。

杰克丹尼通过不同的方法来实现这一点，包括传达这一信息："从未改变，现在不变，永远不变。"

它的黑标本身就是它的视

（图上英文意为：从未改变；现在不变；永远不变）

觉锤。这个标识看起来很老，老式的样子旁边还有强调性的文字："Old Time. Old No. 7 brand ."

在这个标识的背后有这样的信息"以父辈 7 代传承的手艺酿造的威士忌"。

杰克丹尼还描绘了酿酒厂所在的田纳西州林奇堡，称其历史悠久，从未改变。

正如一个广告所说的："享誉 135 个国家的杰克丹尼，来自只有一个停车灯的小镇。"

创始人杰克·丹尼尔（Jack Daniel）和黑标就是这个品牌的视觉锤，尽管它的语言钉是"美国第一种威士忌"，但就像万宝路，这个语言钉陈述得还不够明确。

显然还有很多试图创造老式的样式和名声但却并不成功的酒品牌。仅有老式的标识和像波旁王朝（Ancient Age bourbon）这样古老的名字是不够的，你还需要老式的视觉锤。

对比一下云岭（Yuengling）啤酒和杰克丹尼威士忌。云岭啤酒的酿酒厂创立于 1829 年，比丹尼尔先生的酿酒厂早了 30 多年。

（图上英文意为：美国历史最悠久的啤酒，创立于 1829 年）

当杰克丹尼成为最畅销的威士忌时，云岭还没有挤入啤酒品牌的前 20 位。

"云岭"这个名字是德语的英文版，意为"年轻人"，是个虚弱的名字。不幸的是，这个名字听起来不像德语，在英文中也没有暗含其他意思，听起来也不顺耳。语言钉"美国最古老的啤酒厂"有潜力，但没有强有力的视觉锤，这显然是这个品牌所欠缺的。2010年，奥巴马总统给加拿大首相斯蒂芬·哈珀（Stephen Harper）发了一箱云岭啤酒，作为冬季奥林匹克曲棍球决赛结局的友好赌注。

这是这个品牌推动销量的有力支持和公关，但以云岭这样一个名字，且缺少视觉锤，就变得并不容易了。

如果说云岭啤酒是个糟糕的名字，那么约翰·施耐德（John Schnatter）比萨又如何呢？

幸运的是，施耐德先生选择了一个不同的名字。为了和必胜客、达美乐（Domino's）和小恺撒（Little Caesars）竞争，他将他的连锁店称为"棒！约翰"（Papa John's）。

他做得非常出色。在美国市场，棒！约翰是比萨品类中单店年销售额最高的连锁品牌。

右图是2010年几个比萨品牌每个单店的平均销售额。

与其竞争对手相比，棒！约翰用了一个它使用了数十年的语言钉进入了高端市场："更好的馅料，更好的比萨。"

但是在电视广告中的视觉锤才是棒！约翰的真正秘诀。

棒！约翰这样的名字会让你期待在电视广告中看到一个年长的、头发花白和蓄着八字

（图上英文意为：更好的馅料，更好的比萨）

胡的意大利老头。

如果叫约翰·施耐德，你觉得会看到什么？一个看起来胡子刮得干净利落的大学生，对这个品牌充满了朝气蓬勃的热情。

棒！约翰就是视觉锤。它看起来与你所期待的有些不同。是差异创造了视觉上的震惊，强化了语言钉。"更好的馅料，更好的比萨，棒！约翰。"

（哈兰德·桑德斯）

有人说过，西点军校的学员们整齐地站成一排，可以拍出一张很好的照片。一张很好的照片也可以是有一只鸽子停在同样整齐的一排学员中某位的肩上。这只鸽子就是创造视觉震惊力的锤子。

没有人比肯德基的创始人哈兰德·桑德斯（Harland Sanders）更具"震惊力"了。

人们多称他为桑德斯上校，他穿着白色的上衣，戴着黑色的领结，推广他用了11种香料的秘密配方。"吮指美味"就是语言钉，桑德斯就是视觉锤。

两者的结合创造了全国最大的炸鸡快餐连锁店。

哈兰德·桑德斯是一位真正的肯塔基上校，是国家授予个人的最高荣誉。

[其他的肯塔基上校包括埃维斯·普雷斯利（Elvis Presley，美国著名摇滚明星）、比尔·克林顿、贝蒂·怀特（Betty White，美国著名演员）和泰格·伍兹。]

数年来，肯德基受困于它的营销和产品供应。"炸"鸡给人一种不健康的印象，也因此肯塔基炸鸡后来改名为首字母的缩写 KFC。

但除非一家公司或一个品牌格外出名（IBM、AT&T、GE 和很多其他品牌），将品牌名改为首字母缩写常常是个错误。

当然 KFC 是这个品牌为人所知的昵称，但首字母在心智中只代表了肯塔基炸鸡的简写。要摆脱你所代表的认知很难，KFC 代表的就是"炸鸡"。

KFC 曾经也不断改变广告主题，无法连续一贯，也没有获得成功。

这些口号有什么问题？没有一个与视觉锤相关联。

没有视觉锤，几乎所有广告都注定会失败。

（餐厅建筑上仍然挂着桑德斯上校的形象，但他已不再是肯德基的营销视觉锤。）

"真好吃"是肯德基最近的一个失败的口号。这是狭隘思维的好例子，就像是给赛马戴上了眼罩。

除非其他太多的品牌都在使用类似的口号，否则"真好吃"只能是一个作用微乎其微的营销口号。

2005 年：
风味小站
2008 年：
与 KFC 同在，人生更美满
2009 年：
KFC 非油炸食品，值得品尝
2010 年：
真好吃

- 金宝汤："嗯……美味。"
- 麦斯威尔咖啡（Maxwell House）："滴滴香浓，意犹未尽。"
- 达美航空（Delta）："美好行程。"

- 通用电气:"GE 带来美好生活。"

视觉和语言都需要独特、与众不同。"好"是一个用得不能再用的词。

当然,那些已经率先占据"好"这个概念的品牌除外,包括金宝汤和(你是否相信)最初口号是"吮指美味"的肯德基。

所以,如何来调整一个已经迷失的品牌?

最好的方法是原路退回。回归历史,重塑最初成就品牌的一面。

对肯德基品牌来说,几乎每个消费者都认同的视觉元素就是穿着白上衣戴着黑领结的桑德斯上校。

(图上英文意为:桑德斯上校鸡肉餐厅)

最好的品牌是把品牌的每个方面都"锁"在一起,当然,这些方面包括这本书里谈到的所有内容。

要把视觉和语言锁在一起。这一概念同样适用于品牌名。

开车路过一家肯德基餐厅时,你看到了什么?桑德斯上校的大幅图片。那么为什么不把这个连锁餐厅叫作"桑德斯上校鸡肉餐厅"呢?

这样就把品牌名和视觉锤锁在了一起。为什么不用回最初的口号"吮指美味,11种香料"呢?换作是我,就会这么做。

用一个像桑德斯上校这样

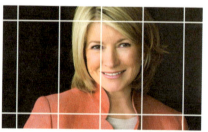

(玛莎·斯图尔特)

已故的创始人形象作为视觉锤的一个好处就是他永远不会招致有损品牌的绯闻。

在世的创始人就不同了。

玛莎·斯图尔特（Martha Stewart）因在一起内部交易中以"妨碍司法公证、做假证"而获罪入狱 5 个月。

这一负面的公关伤害了玛莎·斯图尔特品牌吗？从短期来看当然有伤害，但它并没有扼杀这个品牌。

比起审判之前，这个品牌没有变得更好也没有更糟糕，但这并不能说明这个品牌很健康。

在过去 10 年，由斯图尔特女士管控的玛莎·斯图尔特生活全媒体公司（Martha Stewart Living Omnimedia）亏损达到 1.73 亿美元。

玛莎·斯图尔特是美国最知名的女性之一，可为什么这家公司还身处困境？

这是营销的悖论。你有多"知名"并不重要，唯一重要的是你因"什么"而知名。

桑德斯上校因炸鸡而知名，约翰·施耐德因比萨而知名，杰克·丹尼尔因威士忌而知名，约翰·汉考克因保险而知名，但是玛莎·斯图尔特因何知名呢？

玛莎·斯图尔特生活全媒体公司中的"全"恰恰反映了这个品牌的弱点。

玛莎·斯图尔特因"全业务"而知名，相当于什么都不是。杂志、图书、电视、广播、厨房用具、毛巾、床单、油漆、鲜花……只要你能说的上来的几乎都有。

当你把你的名字放在所有事物上时，你常常什么都代表不了。

另一个在苦苦挣扎的创始人就是花花公子（Playboy）的休·赫夫纳（Hugh Hefner）。他的杂志在1953年12月上市时就产生了巨大的影响。

（休·赫夫纳）

多年来，《花花公子》一直是全美发行量最大的男性杂志，但就像玛莎·斯图尔特一样，赫夫纳无法抵御品牌扩张的诱惑。几十年来，他先后创建了花花公子俱乐部、花花公子酒店、花花公子图书、花花公子影视、花花公子有线频道、电视节目秀以及授权给其他公司的几百种花花公子产品，包括生产安全套和T恤衫。

唯独不多的是花花公子的利润。

在过去10年中，花花公子收入30亿美元，亏损2.93亿美元。

花花公子在1971年挂牌上市的时候每股价格23.5美元。2011年被由休·赫夫纳主导的一个集团私有化买断，每股价格6.15美元。（40年，投资几乎没有回报。）

在那40年间，花花公子和它的创始人获得了大量的公关，

（理查德·布兰森）

让人们相信这个公司一定非常成功。但公关的成功常常并不等同于财务上的成功。就拿维珍公司的创始人理查德·布兰森来说。维珍这个巨大的品牌已经延伸出全球300多家不同

的公司。

没有人获得过比理查德·布兰森更多的正面公关。

但公关上的成功不是可以立刻创造财富的魔法棒。据报道，他300多家维珍公司中有很多家都在亏损。

此外，大多数维珍公司也是私有的，很难讲它们是否成功。

但我查到了8家维珍公司披露的营业额和利润情况。它们是Virgin Active、Virgin Blue、Virgin Media、Virgin Mobile Telecoms、Virgin Money、Virgin Rail、Virgin Unite和Virgin Wine。

在最近一年，这8家公司披露的销售额为104亿美元，税后净利润是……总体来看，它们没有盈利。

它们实际上亏损了4.29亿美元。

理查德·布兰森是一个强有力的视觉锤，但就像玛莎·斯图尔特和休·赫夫纳一样，他试图用自己的公关能力同时锤打很多个钉子。

维珍到底是什么？首先，它是一家航空公司。实际上是3家航空公司，一家在英国，一家在澳大利亚，一家在美国。这3家公司中没有一家实现净利润。

他的其他维珍公司也没有很大发展。

你上一次看到有人点一杯维珍可乐、一杯维珍伏特加、一杯维珍能量饮料或开一瓶维珍红酒是什么时候的事情了？

但是，布兰森在营销界仍然具有重大的影响力。"如果维珍可以做到,我们为什么不可以?"

这是全球很多营销人的态度。但是几乎没有几个营销人会去深入发掘维珍延伸产品线的实际情况。如果他们去做了,他们就会意识到维珍并不是一个值得模仿的对象。

(图上英文意为:硬汉才能做出嫩鸡)

这里还有个问题,如果布兰森过世了,又会发生什么情况呢?

很多视觉锤无法维持到第二代。来看看弗兰克·珀杜(Frank Perdue),这个站在珀杜鸡肉的成功背后的男人。

1953年,当弗兰克·珀杜成为珀杜农场(Perdue Farms)的总裁和执行官时,这个公司的年销售额约为500万美元。

1970年,珀杜农场投放了它的第一则电视广告,其中特别突出了它五官分明的总裁形象。

之后,珀松农场销售额飞涨。到了1988年,珀杜农场的收入达到了9.75亿美元。如今,它的收入为46亿美元。

尽管公司存活并发展起来,但硬汉的视觉锤和嫩鸡的语言钉并没有。

1994年,弗兰克的儿子詹姆斯·珀杜(James Perdue)成为这个品牌的发言人,但他并没有继承父亲硬汉的个性。

此外,他的语言钉"健康

(詹姆斯·珀杜)

观念养鸡"也不如"硬汉才能做出嫩鸡"易记。

个人形象的视觉锤可以延续到第二代甚至第三代吗?在政治上当然可以实现。

看看乔治W.布什、阿尔·戈尔、安德鲁·科莫(Andrew Cuomo)、克里斯·多德(Chris Dodd)、理查德·戴利(Richard Daley)、本·奎尔(Ben Quayle)和其他著名政治家父亲的子女的成功。公司也可以做相同的事情。

但是在珀杜的案例中,也许太过于强调视觉锤,而对于钉子的侧重还不够。

"嫩"鸡是一个可以被绝大多数生产商采用的一般性的概念。

珀杜鸡肉有一个视觉上的差异,它对这个品牌的成功发挥了重要的作用。

珀杜鸡都是用金盏花叶子喂养的,鸡肉色泽金黄发亮。相比"嫩"鸡,也许"金色"鸡肉是一个更好的语言钉。

只要你可以选择,视觉上的差异概念总是更好的选择,尽管它在语言表现上并没有优势。视觉比文字更强大。

没有人可以永生,但创始人形象的视觉锤可以传承好几代。在创始人去世之时,一个品牌如何将一个鲜活的创始人形象过渡到一个已故的历史形象呢?

这个创始人风格化的卡通形象可以帮忙,而不是他的照片。

尽管在电视广告中发挥的作用不大,但在互联网、印刷媒体上,它非常有效。

另一个可以帮忙的元素是服装上的差异(桑德斯上校的白上衣和黑领结)或面部毛发上的差异(杰克·丹尼尔的八字胡)。

创始人奥维尔·雷登巴克(Orville Redenbacher)是他的爆米花品牌的视觉锤,这个视觉锤在他去世之后仍然幸存了下来。在公司将这个形象放在电视广告上时,似乎并不奏效。但在印刷媒体、互联网和包装上,戴着黑色眼镜和领结的奥维尔·雷登巴克仍然鲜活,并一直是一个有效的视觉锤。

这个品牌的语言钉是它的高价。起初,"美食家爆米花"(Gourmet popping corn)的字样比品牌名字更大,紧跟着"世界上最贵的爆米花"。

今天,这个品牌主要聚焦在"美食家"上。它不仅仅说美食家,这个品牌拥有视觉上的差异。由于它只采用个头更大的玉米粒,奥维尔·雷登巴克的爆米花都更大更蓬松。

尽管更高的价格可以带来优势,很多公司还是忽视了为产品定价更高一些这一简单的概念。

正是这个概念建立了劳力士、依云、星巴克、哈根达斯、灰雁伏特加(Grey Goose)和很多其他品牌。

但仅仅"昂贵"对你的品牌来说还是不够的,你的品牌还要成为品类中的第一个品牌,被认知为昂贵的品牌。

用营销术语来说,奥维尔·雷登巴克美食家爆米花"抢占"

了高价爆米花品类。其他跟随的品牌也可以定高价，但它们无法再成为认知中的美食家爆米花品牌。

保罗·纽曼（Paul Newman）建立起他的品牌后于2008年去世，他是纽曼私传（Newman's Own）食品和饮料的创始人。自1982年以来，纽曼私传向慈善机构捐献的金额超过3亿美元。

纽曼坚毅的蓝色眼睛和幽默的人格魅力使得他的形象成为有效的视觉锤。

（图上英文意为：一切利润为慈善）

今天大多数公司执行官所缺乏的就是幽默感，而这一点上纽曼超越了其他人。

正如纽曼私传的网站上所说：为追求公众利益而无耻地剥削。

如今在美国企业的走廊上，没人会这么说话了。

# 第 9 章
## 符号：将无形视觉化
SYMBOL: Visualizing the invisible

语言上的暗喻通常是指在说话时用一个词来代表另一个词的修辞手法。

"美国是一个大熔炉。"

视觉上的暗喻是指借用一个符号，使无形的产品具有生命力。举个例子，你如何将"保险"视觉化？你无法将它用视觉形象表现出来。

这就是为什么保险公司是视觉暗喻或符号的大用户，因为这些符号可以成为强有力的视觉锤。

旅行者（Travelers）公司用了一个小红伞的符号来标示它提供的保险业务。它最近的语言钉是"在伞下更好"。

红伞的历史可以说明视觉锤的持久力量。

1998年，误入歧途想要创建一家金融产品超市的银行巨头花旗公司与旅行家集团合并。合并后公司名为"花旗集团"，它来代表金融超市的概念。

大型联合企业的历史是暗淡的，花旗集团也不例外。合并后4年，花旗集团在首次公开募股中将旅行者公司分拆出去，但保留了仍有价值的小红伞符号，并将它作为花旗集团标识的一部分。

两年后，旅行者公司被圣保罗集团（The St. Paul Companies）以160亿美元收购。之后称为圣保罗旅行者集团（The St. Paul Travelers

Companies)。

回头看看银行的情况。花旗集团数年来一直将小红伞作为其银行业务的代表符号,但大众仍然认为红伞代表"保险"。

在花旗集团开始使用小红伞9年之后,花旗将这个符号卖给了圣保罗旅行者集团。后者迅速将名字改为旅行者集团(The Travelers Companies)。

当时的执行官杰伊·费什曼(Jay Fishman)说:"雨伞对于旅行者这个名字的识别度是非常高的。"

当视觉与语言冲突时,视觉总是会赢。例如,在一张美女的照片上贴上"丑陋"的标签。看到的人不会相信这个女人丑陋,但会认为是有人给这张照片贴错了标签,而不是按照这个标签放错了照片。

视觉总是会主导语言。

将小红伞符号卖给旅行者集团后,花旗集团和它旗下的其他品牌就没有视觉锤了,包括花旗银行、花旗金融、花旗贷款。因此,这个公司就创造了一个  红色的"光环",在我看来很像小红伞的象征符号。这个红色的光环并没有像旅行者的小红伞一样发挥作用。

比红色的光环有效得多的红色符号是红帽子公司(Red Hat, Inc.)的小红帽。

 红帽子主导了电脑开放式操作系统Linux的市场,它是微软的主要对手。Linux软件是

免费的，但公司基于对用户的支持、培训和服务整合盈利。在2010年，红帽子的年收入达到9.09亿美元，净利润率为11.8%。

能够将之语言化的视觉比那些无法用语言表达的抽象设计要强大得多。

大多数高绩效的销售人员都是甜美、令人愉悦、友善的，但前进保险（Progressive Insurance）公司的发言人和视觉锤费洛（Flo）可不是这样。"令人愤怒"是你能用在费洛身上的较为温和的形容了。就像一个顾客说的："我希望前进保险的费洛梳梳她的头发，换个新发型……还有她抹了艳红色唇膏的嘴巴也能放松一些。"

（费洛）

这些都会让费洛看起来好一些，但要付出易记的代价。如果你的符号不容易被记住，那么你的信息也可能会丢失。

"折扣"，前进保险的语言钉，也很易记。它特别能给人留下深刻印象，因为费洛直到2008年才将她的形象首次放在电视上。

前进保险公司的花费一直都比三大汽车保险公司少。在最近一年，前进保险的花费是3.88亿美元，而盖可（Geico）花费了8.27亿美元，国家农场保险（State Farm）公司花费了5.14亿美元，好事达（Allstate）花

费了 4.18 亿美元。

盖可的大预算和视觉锤（壁虎）为这个保险业巨头创造了高记忆度的营销规划。

盖可的语言钉"15 分钟即可为您的汽车保险节省 15% 甚至更多"也很容易记，也是该品牌成功的一部分原因，尽管盖可的大量广告预算让其他的主要竞争对手看起来都显得弱小。

盖可还用了现代打扮的洞穴人形象来推动它的品牌。钉子就是"很简单，洞穴人也可以完成"，易记，但并没有激励性。真正具有激励性的是随着洞穴人一起消失的 15% 甚至更多的开支节省。洞穴人可不关心节省。

如果语言钉很弱，常常表明营销人首先选择的是视觉锤。这就违背了"钉子第一，锤子第二"（nail first, hammer second）的基本原则。

洞穴人或许可以拍出有趣的电视情节，但它们缺乏强有力的、激励性的语言关联。

然而，它们确实与众不同。结果，盖可的洞穴人甚至有了自己短期的电视节目秀。

盖可和前进保险都推动了汽车保险业务的发展。力度之大使得长期以来的领导者（位于第一的国家农场保险和位于第二的好事达）不得不做出反

应。2010年，好事达推出了由迪恩·温特斯（Dean Winters）扮演的视觉锤"Mayhem"。

然而这个品牌的语言钉糟透了。一个版本是："你既可以省钱，又可以得到像我这样的Mayhem的保护。"另一个版本是："Mayhem无处不在，你找到好帮手了吗？"

实际上，好事达现在有两个视觉锤（Mayhem与好帮手）和两个语言钉。产生混淆可不是一个好主意。特别是这个品牌的名字（Allstate）还常常与它的主要竞争对手国家农场（State Farm）相混淆。

国家农场有一个易记的语言钉（就像一个好邻居，国家农场就在你身边），但缺少一个视觉锤。它的"3个圈"标识在过去已经被包括百龄坛啤酒（Ballantine Ale，它的3个圈代表纯度、形态和风味）在内的很多品牌使用。

在电视上，国家农场将它的语言钉转换成"有魔力的叮当声"。哼一哼这个就在你身边的小曲子，伸伸手指，你的愿望就能成真。

什么策划才是好的电视广告策划？游行、活动、动态……这些元素都包含在国家农场的广告中，除了视觉锤。

国家农场保险没有视觉锤。长期以来，这是一个大错误，特别是对一个像保险这样的无形产品来说。

也许，在保险行业最古老的视觉锤就是保诚（Prudential）从

19世纪90年代开始使用的"直布罗陀海峡的岩石"。

公司的免费电话1-800-THE-ROCK（在九格键上打出来即1-800-843-7625）与它的符号和多个语言钉联系在一起："Get a piece of the rock" ⊖ 和"直布罗陀的力量"。然而，时间削弱了岩石的力量。在印刷媒体作为主要传播媒体的昨天，它可能是一个很好的符号，但在电视主导的今天则不然。

如今，电视已经成为保险行业的主要媒体，每年这个行业在电视广告上的花费多达十几亿美元。

在电视上用一个静止不动的视觉锤是不利的。

这是保诚放弃岩石比喻的一个原因。"成长并保护您的财富"是保诚最近在用的口号。迟早，保诚也会需要一个新的视觉锤。

另一方面，太平洋人寿（Pacific Life）有一个在电视上很有效的视觉锤。座头鲸能表现出绩效、力量和保护性等产品特性。

这个鲸鱼就是太平洋人寿基金的副产物，一个保护海洋生物的非营利组织。

这个基金会提前将公司使用的鲸鱼形象在电视广告中曝光。

在长达1/4个世纪的时间里，史努比和其他的动画形象都做过美国大都会人寿保险（MetLife）公司的视觉锤。

---

⊖ 字面意思为"得到一块岩石"，意即将其安全和可靠性传递给顾客。——译者注

目前，大都会人寿公司用飞机和小型汽艇飞船来为电视广告增色。

史努比的视觉锤易记，但它的语言钉很弱。包括："找大都会，它会支付"和"你今天大都会了吗"。最近大都会的口号也很弱："为生命中的'不测'作担保。"

大都会的战略中所缺失的，也是今天大多数营销战略所缺失的，那就是将锤子和钉子锁在一起的概念。

它就好比是文案选了一个钉子，而艺术总监选了一个锤子，但这两者看起来彼此并无关联。真是令人羞愧。

和保险行业一样，药品销售也耗费了大量的营销时间和金钱。常常药丸是可见的，但却看不到视觉锤。或者即使有，也不是真正合适的视觉锤。

拿治疗勃起功能障碍的药品来说。这个品类中最早的品牌万艾可（Viagra，即伟哥）做了一个明智的决策，先占了蓝色作为药丸的颜色。

竞争对手为了将自己的品牌与万艾可区分开来，应该怎么做？最奇特的一个符号是西力士（Cialis）所使用的两个浴缸。

西力士目前紧随治疗勃起功能障碍药物品类的领先品牌万艾可，是第二品牌。而且西力士品牌被普遍认为即将成为这个市场的领导品牌。

西力士品牌的崛起值得注意，因为它曾是这个品类中的第三种药物,出现在万艾可和艾力达(Levitra)之后。

(这就好比排名第三的皇冠可乐(Royal Crown)突然变成了可乐市场的领导者。)

为什么用两个浴缸?从公司的角度来想这个问题。要演示勃起功能障碍类药品的好处,并没有合意的方式。但是浴缸可以间接而隐晦地表现两个人正裸体享受。

语言钉(药效36小时)也将西力士与万艾可和艾力达有力地区分开来。连同浴缸视觉锤一起,两者的结合就能成就引人注目的营销胜利。

苏打粉是广泛使用的家庭日用品,领先品牌是阿尔姆与汉默(Arm & Hammer)公司。它的视觉锤是一个老式的手臂和锤子标识,可以追溯到19世纪60年代。

一旦你的品牌深植于心智,将改变保持在最小的程度就是明智的做法。

像苏打粉这样廉价的产品,一个强大而一贯不变的与名字锁定在一起的视觉锤,使得这个品牌几乎不受竞争的影响。

例如食盐。莫顿(Morton)几十年来一直是调味盐的领导品牌。

莫顿的视觉锤是一个撑着一把伞在雨中走路的小女孩,身后是一堆散盐。根据一条信息来源,莫顿的调味盐女孩(数年来被重新绘画）是美国十大最知名的符号之一。语言钉"下雨时它撒下来"不仅说出了这个品牌的好处，同时也是容易被人记住的双关语。

汽车租赁公司提供的服务是无形的，而且有意为之。谁会想要租一辆带有赫兹（Hertz）标识的汽车呢？

然而，赫兹准备用一个叫霍雷肖（Horatio）的吉祥物来提升品牌的可见性，它是一个用黄色挡泥板和足球形状的脑袋组成的卡通形象。不幸的是，它的语言钉"我们就在机场和您的身边"平淡无奇。

我们要等一段时间才能得知霍雷肖被顾客接受的程度。我的顾虑是这个形象太平淡了，不足以被顾客记住，它与租车业务之间也几乎没有关联。

［赫兹用第一个开车横跨美国的人的名字霍雷肖·杰克森（Horatio Jackson）来命名它的吉祥物。］

符号，无论有没有被用作视觉锤，在今天的社会里都承担着一个重要的角色，它常见于产品、网站、服装、零售商店和广告牌上。

例如，即使耐克这个名字没有出现在某些产品上，耐克的钩子仍然能让消费者知道这个产品的品牌，就像在运动鞋和棒球帽上。

很多公司选择了捷径，用品牌名的首字母来代替可识别的符号。谁生产"N"鞋子？很多人不知道。

大多数人很容易弄明白，但仍然需要一点时间才能想起这个名字：纽巴伦（New Balance）。

这里的区别是，当你看到钩子，耐克这个名字就马上出现在你的脑海里。

当你看到字母"N"，你不得不想一想，而且大多数人不愿意花心思去想。

当你的品牌名不止一个词的时候，如果你希望品牌能被消费者普遍地识别出来，你就要用首字母的组合。在快餐行业，"M"代表麦当劳，但"B"可以代表汉堡王（Burger King）吗？

字母"E"被用在连锁酒店行业中。这是哪家连锁酒店？大使套房酒店（Embassy Suites）如果用它的两个首字母来代替一个首字母，它的街头可见度会提高很多。

人们是以词为基本单元思考的。如果Facebook的标识是两个单词Face Book，那么它就应该用"fb"作为符号，但一个词

Facebook就可以仅用"f"一个字母来做视觉锤,用作网站的按键和图标。

在这个品牌有足够空间的时候,Facebook明智地用了全名和单一的蓝色作为它的视觉锤。词总是比字母缩写有力。

树是很简单的形状。最有效的一个视觉锤是圆石滩公司(Pebble Beach Company)使用的公司商标。它是一个孤柏树的图标。

这个符号不仅易记,而且将顾客的注意力从圆石滩这个名字的字面意思转移出来。毕竟,顾客都更喜欢沙滩,而不是石滩。

孤柏树作为圆石滩公司的图标已经将近一个世纪了,它记载了一个视觉符号持续不断的力量和营销人需要几十年而非几年时间来思考的需求。

逸林连锁酒店(DoubleTree)用了抽象处理后的两棵树的图标作为商标。

但是这家连锁酒店颠倒了事物的逻辑顺序。在认出那是两棵树之前,你不得不先看看这个名字(DoubleTree,字面意思为两棵树)。它们看起来更像是一副乒乓球拍。

最近,逸林酒店更换了标识。新设计证实了逸林的管理层是语言导向的思维模式。

新的逸林标识由一棵树和一个字母 D 组成。如果你的名字是"两棵树",你怎么能用一棵树来做标识呢?而且还把 D 放在树的后面,而不是前面。退一步想,这个名字看起来就变成了 TreeDouble。

这不是一个能立刻传递信息的视觉符号,它是需要解码的谜团。我们来看看,一棵树

和一个字母 D。D 代表的是什么?山茱萸(Dogwood),还是荷兰榆(Dutch elm)?也许它用的棕色表示这是一棵"死"(dead)树?

啊,我想到了,是"两棵树"(DoubleTree)的意思。

这还不够好。一个视觉锤需要在眨眼间就能让人想到它的含义。

视觉锤不应该是费脑的画谜。

对比一下汤米·巴哈马(Tommy Bahama)和逸林。这棵树不仅是这个品牌的视觉符号,而且很明显这是一棵棕榈树,是最能体现"巴哈马"品牌的符号。㊀

---

㊀ 巴哈马群岛上处处可见棕榈树。——译者注

# 第 10 章
# 名人：双刃剑
CELEBRITY: Pros & cons

# 第10章
## 名人：双刃剑

一则营销信息不能完全是信息内容，而没有任何诱惑。你需要借助一些东西将消费者的注意力吸引到你要表达的信息上。

名人常常可以充当这个角色。

在传递广告信息中，没有人比比尔·考斯比（Bill Cosby）做得更出色了。

在2011年的广告名人堂（Advertising Hall of Fame）上，考斯比先生被授予"广告界特别终身成就总统奖"。

是什么让比尔·考斯比那么有效？归纳为一个词就是：真诚。

消费者非常擅长区分哪个名人"只是说说"，哪个名人是真心相信产品的优劣。

比尔·考斯比最好的作品是给吉露（Jell-O）布丁做的广告，他特别强调了几个关键的用语，例如"真美味"和"谢谢亲爱的妈妈"，听起来就像是小孩子被吉露布丁甜品深深地吸引住了。

在你推出一个新品牌的时候，比尔·考斯比正是你要找的名人类型。

考斯比还给很多其他品牌做了让人印象深刻的广告，包括佳洁士、柯达、可口可乐和福特汽车。

有很多营销人对于请名人做品牌代言的做法都表示迟疑，因为他们认为消费者都了解名人是收了钱才这么说的。当然，这是可以理解的，但只要这个名人非常真诚，就能战胜这一负面认知。

就像比尔·考斯比曾经说的："我想要广告看起来不那么商业。"

但是，不要用名人做视觉锤，原因有三个：名人的代言费很高；名人有时候不是你产品的可靠消费者；名人也是人，也有人性的弱点，这些弱点有时候可能会有损于你的品牌。

来看看最近关于泰格·伍兹、查理·辛（Charlie Sheen）、科比·布莱恩特、琳赛·洛翰（Lindsey Lohan）、布兰妮·斯皮尔斯（Britney Spears）、玛莎·斯图尔特和梅尔·吉布森（Mel Gibson）的大量负面公关。你还能说出一些名字。

请名人做代言人总是存在风险。

还有一个费用的问题。头号名单上的名人代言费高得惊人。在泰格·伍兹陷入困境前15年，据《高尔夫文摘》（Golf Digest）称，他靠代言就赚了9.51亿美元。

也就是平均每年6 300万美元。

还有一个信任度的问题。就拿泰格代言别克汽车来说。表面看来，这似乎是个好主意。

一个年轻有为、魅力超凡的世界级运动员开着一辆别克汽车——这怎么会无法提升别克品牌的认知呢？

但是，等等，泰格·伍兹不仅比世界上其他任何运动员都赚钱，而且他还拥有一架价值2 000万美元的155英尺（约47.24米）大游艇。

多年前，他花费 4 000 万美元买下了佛罗里达朱庇特岛上的 10 英亩（约 40 469 平方米）地产，并立刻拆掉了上面的房子，建起了一所新豪宅，包括两个游泳池、100 英尺（30.48 米）的跑道、5 000 平方英尺（约 465 平方米）的健身房和 4 洞高尔夫球场。

他开别克？太不可能了。

正如你所预期的，伍兹代言的别克品牌在市场上并没有取得好成绩。在美国市场上，别克的销量锐减。从 2002 年的 432 017 辆减少到 2008 年的 137 197 辆，销量下滑 68%。

另一方面，如果泰格·伍兹代言了别克，那么谁来代言通用汽车的顶级豪华品牌凯迪拉克呢？上帝吗？

（凯迪拉克的视觉锤还需要一些其他的帮助，很复杂。）

这是题外话，但伍兹开凯迪拉克无疑是合乎情理的代言。对很多人来说，美国最好的汽车就等同于欧洲和亚洲最好的汽车。因此伍兹要开美国"最好"的汽车，那当然是凯迪拉克。

因此伍兹作为全球第一的运动鞋品牌耐克的代言人是有意义的。相反，如果他为锐步或者阿迪达斯代言呢？

会有效吗？当然不会。

你需要保持一致性。全球最好的运动员（泰格·伍兹）需要与一个强大的领先品牌匹配，显然不是别克或锐步。

也是这个原因，泰格·伍兹对全球领先的技术和咨询公司埃森哲（Accenture）来说也是个好选择。与汽车和运动鞋行业不同，技术和咨询服务是无形的。名人视觉锤对无形的产品来说是尤其好的选择。名人可以将无形的产品视觉化、人格化。

在泰格·伍兹作为这个品牌视觉锤的 6 年里,他极大地提升了埃森哲的可视性。公司的营业收入从 2003 年的 134 亿美元增加到 2009 年的 232 亿美元。

尽管伍兹在美国问题重重,我仍然觉得埃森哲不该放弃他,但现在来看或许这个决定是正确的。伍兹没能再赢得高尔夫球赛,他也不再是曾经那样有效的视觉锤了。

在一个运动员离开赛场之后,他/她很快会被人遗忘。但也不总是如此。一个很好的例子是约翰·麦登(John Madden)和由美国艺电有限公司(EA Sports)开发的足球视频游戏麦登橄榄球赛联盟(Madden NFL)。

在 1988 年首次进入市场时,这款游戏销量超过 8 500 万份,总销售额超过 30 亿美元。尽管约翰·麦登在 2009 年时辞去了广播员的工作,但他仍然将自己的名字授权给这款游戏。麦登橄榄球赛联盟游戏没有了代言人,还能存活下去吗?

没有理由就无法存活。麦登是一个品牌,就像奥威尔·雷登巴可和保罗·纽曼一样。只要经营得善,品牌可以永生。

最近最著名的一个代言人就是以赛亚·穆斯塔法(Isaiah

Mustafa），他代言的口号是："真汉子的味道。"

以赛亚·穆斯塔法为宝洁旗下创始于1938年的Old Spice品牌做代言。

毫无疑问，穆斯塔法给这个老式的除臭剂品牌带来了活力。他的代言广告出现在互联网上并像病毒一样散播开来之后，这款产品的销量猛增。

穆斯塔法不仅成为Old Spice品牌的广告模特，还是社交媒体的宠儿。因他产生了数百万的点击量，还带动了Twitter和博客的大量线上活动。营销人都着迷于Old Spice品牌如何自我重振。

真正的问题是，接下来做什么？这对一个像Old Spice这样与它英俊年轻的代言人没有真正关联的品牌来说，总是一个主要问题。

就连品牌的商标（帆船）也与这个看起来会骑摩托车而不是开一艘12英尺（约3.66米）小游艇的年轻人不一致。

然而，它的语言钉很强大。"真汉子的味道"加强了这个品牌的传统，直接打击的是联合利华的Axe品牌，后者是非常成功的体用香氛喷剂。

十几岁的年轻男孩用Axe沐浴是为了吸引十几岁的年轻女孩。联合利华的广告和公关都将之戏称为"Axe效应"。

多年前，15岁的波姬·小

丝（Brooke Shields）也因她为CK牛仔裤做的电视广告引起了类似的轰动。

"我和我的CK之间，什么也没有。"这是很容易被人记住的营销规划语言钉。

就像CK牛仔裤的广告一样轰动，显然波姬·小丝会逐渐长大，无法再同时演绎清纯与性感。

在快节奏的时尚品类中，这可能无关紧要。随着时间推移，很多时尚品牌会过时。或者这个品牌再启用下一个性感的模特。

CK后来用了模特马基·马克（Marky Mark）和凯特·摩斯（Kate Moss），他们全身只穿了CK的内裤。

代言人有年龄的上限吗？

谁赢得了2010年的美国橄榄球超级杯大赛？你可能会记得是新奥尔良圣徒队赢得了这场球赛。但你还记得是谁赢得了这场广告比赛吗？是电视剧女演员贝蒂·怀特。

据《今日美国》（USA Today）报道，这位88岁的女演员为士力架拍的橄榄球运动广告是超级杯大赛期间最受欢迎的广告，该广告的主题是："饥饿让你身不由己。"

如果营销中有一个决定性的方面你必须知晓的，那么它就是：营销并非短期目标。（如果你要在短期内做成什么事，那么

# 第10章 名人：双刃剑

追求销售业绩吧。)

营销是一个长期的命题，不要以几年为单位来思考，而要以几十年来思考。

不幸的是，贝蒂·怀特从长期的角度来看并不适合做士力架的代言人。更糟糕的是，贝蒂·怀特和巧克力棒之间的联系是什么呢？

几乎没有关联。

它不过是一个有趣的商业广告，对品牌的帮助不大。

用名人做代言并保持长期一致性能给品牌带来很大的价值，最好的一个例子就是舒敏（Charmin）牌卫生纸。

25年以来（1965～1990年），迪克·威尔逊（Dick Wilson）扮演的惠普尔先生一角，在广告中不断挤压舒敏卫生纸。

在他漫长的职业生涯中，迪克·威尔逊为舒敏品牌拍摄了504条独立的电视广告。

（在舒敏营销规划的某个阶段，惠普尔先生被誉为美国第三大最知名人物，位于理查德·尼克松和比利·格雷厄姆之后。）

舒敏也是体现狭窄聚焦价值的好例子。斯科特纸业公司（Scott Paper Company，现在属于金佰利-克拉克公司）曾是卫生纸行业的长期领导者，它从19世纪晚期就开始生产卫生纸了。但和很多公司一样，斯科特纸业公司无法抵制品牌延伸。

除了斯科特卫生纸，这家公司还推出了斯科特纸巾、斯科特餐巾和斯科特面巾纸。斯科特在相当长的一段时间里保持着它的领导者地位，但1957年发生的事情严重影响了斯科特品牌。当年，宝洁公司收购了舒敏纸业公司。

一点也不令人意外，舒敏家族的产品包括了纸巾、餐巾、面巾纸和卫生纸，产品范围和斯科特如出一辙。

但在当时，宝洁公司由一群营销人而不是管理型的经理在运作。

因此，以其经典的"狭窄聚焦"（narrow the focus）战略，宝洁公司终止了舒敏品牌下除了卫生纸之外的所有产品，并请了惠普尔先生来推广品牌。

同时，宝洁公司聚焦于这个产品的一个特性柔软，而不是将它所有的特性都进行宣传推广。

"请不要挤压舒敏"是惠普尔先生这个视觉锤对应的语言钉。在广告中，惠普尔先生用幽默的手法表现自己无法停止挤压舒敏卫生纸。

舒敏品牌几十年来一直是卫生纸中的领导品牌。最近，舒敏卫生纸占据了30%的市场份额，而斯科特以12%的份额位居市场第三。

另一个长期请名人做代言的广告是美泰格（Maytag）的"孤独的修理工"。

从1967年开始，杰西·怀特（Jesse White）扮演了这个角色，1989年演员替换为戈登·基普（Gordon Jump），到了2007年替换为克雷·杰克森（Clay Earl Jackson）。数年来，美泰格都是全国最畅销的洗衣机。

美泰格的一个竞争对手说："它们的洗衣机从生产到报废所需的成本和我们的是一样的，但他们可以因名声而多卖100美元。"

你如何将洗衣机的可靠性通过视觉表现出来呢？你没办法。因此大多数品牌都会使用多种语言表达的方式。

除了美泰格。

由于可以把它通过视觉表现出来，即使是一个很荒谬的概念也可以变成有效的规划。（因为美泰格的洗衣机很可靠，完全不需要维修服务，因此我们的修理工很孤独。）

你见到过用画面来表现的营销方案吗？我没有。营销方案常常除了文字，什么也没有。

未来，营销方案很可能包含视觉和文字。拿奥普拉·温弗瑞创办的《O》杂志来说，它可能是最近十年里最成功的出版物了。

没有出版商会说将奥普拉的名字用在杂志上不是个好主意。但这些出版商中有多少会采取下一步行动：将奥普拉的照片放在每一期的杂志封面上？

这个视觉锤正是《O》杂志成功的主要原因。

另一方面，没有在OWN（Oprah Winfrey Network，奥普拉·温弗瑞有线电视台）的大

部分电视节目秀上使用奥普拉的形象,是这家电视台不够成功的主要原因。

然而,有的时候,用一个名人也可能会毁掉一个品牌,尤其是选择的这个名人与你品牌的代表完全相反的时候。

以戴尔为例。2000年,这家公司急于进入消费者市场,来补充它在商业电脑业务中的领导地位。

这可不是一个好战略,但更糟糕的是这家公司为进入消费者电脑市场所选择的语言钉和视觉锤。

"兄弟,你有一台戴尔"是它一系列电视广告的语言钉,由一位21岁的大学生本杰明·柯蒂斯(Benjamin Curtis)主演。

(它并没有给戴尔这个品牌形象带来帮助,3年后,柯蒂斯因私藏大麻被捕。)

戴尔起初主要将产品出售给企业,而不是个人消费者。即使是今天,本杰明·柯蒂斯广告的10多年之后,个人电脑业务销售额仍然只占戴尔公司总销售额的23%。

在企业电脑采购人员看到柯蒂斯兜售戴尔产品时,你认为他们会怎么想?假设一个大企业的执行官问他/她的IT经理:"我们买的是什么电脑?"

"兄弟,我们有戴尔。"在企业环境氛围中,这可不是一个合适的回答。

戴尔曾经是全球销量最大的个人电脑品牌,但现在它的地位被惠普取代了。

原因何在？戴尔失去了它的焦点。过去，这个品牌代表的是"向企业直销"。如今，这个品牌除了"不过是另一家个人电脑公司"之外，什么也不是。

如果你研究广告史，你会发现在营销规划中有很多名人的案例（不论是真人还是扮演的角色）。大多数都会持续几年，然后消失在历史的长河中。这些请名人的公司都下定决心下次要做得更好。

但问题不常出在视觉锤上，通常，问题在于缺乏一个有效的钉子。

迪克·威尔逊扮演的惠普尔先生发挥的作用非常大，但建立这个品牌的是"柔软"这个钉子。

将名人视觉锤和柔软性这个语言钉两者结合起来的能力，是这个品牌成功的最本质要素。

杰西·怀特、戈登·基普和克雷·杰克森都是美泰格可信的代言人，但建立这个品牌的是"可靠"这个语言钉，是它让美泰格的修理工无事可做。

选对了钉子，几乎任何一个名人都可以为你的品牌增加动力。选错了钉子，即使是乔治·克鲁尼（George Clooney）也无法为你的品牌增添活力。

## 第 11 章
## 动物：把动物人格化
ANIMAL: Anthropopathy works

我们常常用动物来比喻人类的一些特质。我们称勇敢的人"勇猛如虎",怯懦的人"胆小如鼠",比喻贪婪的人是"贪食的猪"。

当人们是开玩笑不当真的时候,就说他们是"骑着马溜溜",盲目跟从的人被戏称为"绵羊",爱说长道短的人被称为"碎嘴的猫"。

那些永不放弃的人,就像狗一样忠实于自己的梦想。律师就像鲨鱼一样尖锐。

形容那些几乎不说话的人"安静得像只老鼠",那些依附于过去的人则被称为活在古世纪的"恐龙"。

动物在美国也是广受欢迎的宠物。我们的宠物中有 8 600 万只猫、7 800 万只狗、1 600 万只鸟、约 1 300 万只爬行动物。(我的两个孩子有一只狮子狗和两只宠物鼠。)

因为我们对动物的熟悉和喜爱,它们常常可以成为非常有效的视觉锤。

看看捷豹(Jaguar)的能见性。这个汽车品牌在 2011 年的美国市场上只售出了 12 276 辆。

将捷豹和其他销量更大的品牌做个比较。铃木(Suzuki)卖出 26 618 辆,路虎(Land Rover)卖出 38 099 辆,三菱(Mitsubishi)卖出 79 020 辆,

英菲尼迪(Infiniti)卖出 98 461 辆,讴歌(Acura)卖出 123 299 辆。

比起其他很多销量更大的品牌，捷豹的视觉符号和它的名字使得它在街上更容易被人注意到。

捷豹的营销规划里缺少了什么？当然是一个语言钉。

捷豹是什么？大多数人都没有概念。

拿日产的高端品牌英菲尼迪来说。很多人知道英菲尼迪的商标是表示"无穷大"（infinity）的数学符号的变体，但是它是个虚弱的视觉符号，因为其含义对于汽车品牌来说毫无意义。

有时候毫无意义也没有关系，只要逻辑上有一些关联，但是"无穷大"的概念和一个汽车品牌之间有什么逻辑关联呢？

英菲尼迪可以用一箱汽油永远行驶下去吗？

另一方面，捷豹汽车看起来就像一头豹子，线条流畅而迅猛。这是一个好的视觉锤，但不幸的是它几乎没有语言钉，这在事实上严重损害捷豹的销量。

宝马是终极座驾，保时捷是终极跑车，奔驰是极高声望的汽车，但是捷豹是什么？是一个还在寻找语言钉的品牌。

另一种线条流畅而迅猛的动物是灵缇（greyhound，又名灰狗），它是灰狗巴士（Greyhound Lines）完美的视觉符号。灰狗巴士是北美最大的城际客车公司，有16 000个每日始发站和3 100个终点站。

和灰狗的视觉锤结合在一起的是它营销历史上最易记的一个语言钉:"坐巴士,让我们来开。"(Take the bus ... and leave the driving to us.)

然而,今天,这个语言钉已经被修改,并且在修改的过程中失去了它的韵味:"坐灰狗,让我们来开。"(Go Greyhound and leave the driving to us.)

对一个左脑思维的逻辑型执行官来说,新的口号看起来有所改善,但其实不然。

"坐灰狗"暗示着你还有很多其他可以选择的巴士公司。

"坐巴士"(并用视觉符号来传达品牌名)暗示的是灰狗是一个主导品牌,没有人会考虑选择其他的公司。

灰狗巴士还胡乱修改了它的视觉锤,一度增加了红蓝色的条纹,也许是为了表现它专注于美国市场。两个视觉符号总是不如一个。它们只会引起视觉混淆。

在营销中,简单和一致性总是比复杂与多样性要好。豹子适用于汽车品牌,灰狗适用于巴士品牌,那么对一家价值380亿美元、涉及各行各业的大型联合企业来说,你会选择哪种动物呢?

它涉及的行业有电视、动画、主题公园和消费品等。

用一只老鼠如何?米老鼠在沃尔特·迪斯尼的卡通片《小火轮威利》(Steamboat Willie)中首次亮相。从那时开始,米老鼠出现在120部迪士尼卡通片中。

根据一个消息来源,米老鼠是全球再生量最大的形象,耶稣基督排名第二,埃尔维斯(Elvis)排名第三。

沃尔特·迪斯尼曾说过:"我希望我们不要忽视一点:那就是我们都是从一只老鼠开始的。"要找到一个有效的视觉锤将整个公司用符号表现出来,几乎是不可能完成的任务,特别是对一家超级大型联合企业来说。更好的方向是找到点亮这个品牌的火花。

通用电气公司是由灯泡的发明人托马斯·爱迪生建立的,它的符号就是用灯泡中的灯丝勾勒出 GE 两个字母。

你的首要目标就是将视觉与语言锁在一起。使用双关语是一个方法。最好的一个例子就是美林证券(Merrill Lynch)的公牛㊀。它的语言钉是"美林看好美国"(Merrill Lynch is bullish on America.),是最易记的口号之一。但让口号易记的是视觉锤,它能立刻让人将这个品牌与口号联系起来。

Merrill Lynch is bullish on America.

狮子是"万兽之王",可以成为一个有效的视觉锤,但它也需要语言上的关联。富达(Fidelity)是美国南部的一家小银行连锁,它用狮子作为自己的视觉符号,甚至将网站命名为 lionbank.com。但其视觉锤语言上的关联很弱,它典型的广告标语是:"寻找贷款吗?"(Hunting for a loan?)

---

㊀ bull 与下文中的 bullish 相关联。——译者注

很聪明的标语，但不容易记。你通常不必像打猎一样获得银行贷款。

如果富达是一家大银行，它可以用狮子作为视觉锤"银行之王"。（百威的做法与此类似，效果很好。）

除了狮子，老虎或许也是最受尊敬的动物。凯洛格（Kellogg）的糖霜麦片就先占了老虎。

1952年，凯洛格冻麦片推出了"托尼虎"（Tony the Tiger）这个卡通形象。头韵既帮助建立了品牌，也帮助推广了语言钉"太——棒——了！"（"They're gr-r-reat！"）㊀

美国最大的海鲜连锁餐厅并不叫"红海鲜"，尽管可能这个名字比起"红龙虾"（Red Lobster）更准确，毕竟这个连锁餐厅卖出的鱼虾比龙虾多多了。

但"红龙虾"这个名字更易记，其形象也可以形成更易记的视觉锤。

具体的（龙虾）总是比笼统的（海鲜）更易记。

---

㊀ gr 模拟了老虎的叫声，与 tiger 这个词的尾音发音相同。——译者注

同样，老虎比笼统的动物更易记。

一百多年前，动物饼干很受孩子们喜欢。一盒动物饼干里有很多种动物，狮子、老虎、熊，还有大象。

如今，最受欢迎的是纳贝斯克（Nabisco Brands）生产的巴纳姆（Barnum's）动物饼干品牌。[Barnum这个名字引自P. T. Barnum，这位著名企业家的名字现在已经被用在了全美最大马戏团公司林林兄弟和巴纳姆贝利（Ringling Bros. and Barnum & Bailey）上。]

一共有超过54种不同的动物形象被用在这个品牌的饼干上。

但更好的方向或许是聚焦于一种动物，比如，非凡农庄（Pepperidge Farms）聚焦于金鱼。

金鱼饼干品牌的销量大大超过其他用多种动物形象的品牌，

尽管动物饼干更接近曲奇。

1997年，金鱼饼干上多了一个眼睛和一个微笑，并配合了它的语言钉"回以微笑的点心"。

金鱼饼干很受幼儿父母的欢迎，它是烘焙而成的，看起来似乎更健康。孩子们在咬下金鱼头的时候，很喜欢看到这个小小的微笑。

另一个因聚焦于笼统而不是某个特定形象而犯错的公司是埃森哲。当它们用了一个名人（泰格·伍兹）时，广告得到了企业界的共鸣。人们可以理解为什么它们后来换掉了泰格·伍兹，但无法理解的是它们竟然选择了一个"动物园"，而不是某种动物。它最近的广告用了包括大象、北极熊、长颈鹿、青蛙、鲨鱼和变色龙在内的多种动物（至今还没有用老虎）。

使用多种动物是个错误。视觉锤是一个单一的概念，一个品牌的多个视觉锤没有意义。埃森哲起初的广告中很多不同的打高尔夫球的人有什么意义吗？

我认为没有。

一个易记的营销规划需要聚焦在一种动物上。我会选择大象，因为它与埃森哲的市场和信息是一致的。

埃森哲的市场是大公司。在最近埃森哲的一个广告里，一头大象在一条窄木上横穿峡谷，其标题是："体型虽大，却身手灵活。"

将你的动物视觉锤与语言钉整合在一起是营销成功的关键。

最近，埃森哲为了更好地专注于像联合利华、万豪国际酒店（Marriott）、皇家莎士比亚公司（Royal Shakespeare Company）等客户，放弃了动物形象。

在语言上，这个做法或许有意义，但在视觉上没有意义。至少动物视觉符号能保持一致性且易记。

但是去掉了具象的大象这一动物视觉之后，在埃森哲与华纳兄弟公司和万豪国际酒店的广告中，视觉的一致性体现在哪里呢？

缺少了一致的视觉元素，埃森哲就指望一个突显的">"符号来统一它的新规划。这个符号对航空公司或汽车品牌可能有用，但对一家咨询公司来说毫无意义。

对一个鸡肉连锁餐厅来说，奶牛可能不是一个好的视觉锤，但在福来鸡（Chick-fil-A）的例子中，奶牛却非常有效。福来鸡是一家极为成功的鸡肉三明治连锁餐厅，主要集中在美国南部。鸡肉三明治的对手是谁？答案很明显，当然是牛肉三明治。

在过去的16年中，福来鸡一直在用幽默的方法借用奶牛的形象来传递信息。其中一个典型的广告是3头奶牛举着3块木板，上面写着"多吃鸡肉"。

尽管由于宗教信仰的原因，这个连锁餐厅在每周日都不营业，但福来鸡的平均单店业务量几乎与麦当劳持平，比肯德基平均单店业务量多出135%。

即使没有语言上的关联，视觉符号仍然可以大幅度提升品牌的识别度，特别是在像保险这样的低关注度品类。

自1974年以来，哈特福德金融服务集团（The Hartford Financial Services Group）一直用麋鹿作为公司的视觉符号。在其最初的电视广告中，这头麋鹿叫劳伦斯，10英尺（约3米）高，500多磅（200多千克）重，有8个分叉的鹿角和略带红色的厚皮毛。

广告从来没有提到麋鹿和保险的关系，但这些广告容易被人记住，并帮助建立了哈特福德这个品牌。

迪尔公司（Deere & Co.）也用了类似的动物——鹿——作为视觉锤。

约翰·迪尔（John Deere）是全球最畅销的农场机械品牌，几十年来一直使用它很著名的口号："没有什么可以像迪尔一样奔跑。"㊀

另外还有美国家庭人寿保险（Aflac）公司卓越的转型。这家公司用了鸭子。在2000年，这家公司的名字识别度大约只有12%。

如今，这个数字是94%，其销售额也大幅度提升。

家庭人寿保险公司在使用鸭子作为视觉符号之后的第一年，在美国市场的销售额提升了29%，第二年提升28%，第三年提升18%。

在考虑使用一个视觉符号的时候，你还要考虑打算使用的媒体。电视从根本上来说是一个娱乐媒体，而广播、报纸、杂志和互联网是信息媒体。电视信息应该包含娱乐因素，否则这些信息很可能会被忽略。

拿罐装吞拿鱼的第一品牌

---

㊀ 迪尔品牌的英文名 Deere 与鹿的英文 Deer 相似。——译者注

星牌（StarKist）来说。几年来，它的电视广告中一直有一个穿着时髦、戴着渔夫帽和眼镜的吞拿鱼，名叫查理。

查理说自己有"好品位"（good taste），是星牌最好的吞拿鱼肉材，但查理常常被一个挂着便签的鱼钩驳回，便签上写着："真抱歉，查理。"

原因是，星牌要的不是"好品位"，而是"味道好"（taste good）的吞拿鱼。

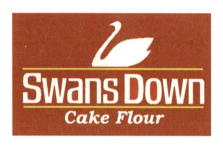

有趣的是，吞拿鱼第二品牌蜂蜜牌（Bumble Bee）和第三品牌海中鸡（Chicken of the Sea）也都用了动物作为品牌的视觉符号。

将品牌的名字和视觉联系起来，也是一个好方向。自1894年开始，蛋糕粉的领先品牌Swans Down用了天鹅作为视觉锤。

大猩猩胶水（Gorilla Glue）做得更进一步，将它的品牌名和猩猩视觉符号以及语言钉都锁定在一起。"地球上最黏的胶水"是这个品牌的语言钉。

福来喜（Vlasic）是领先的泡菜品牌，它用了鹳作为其视觉符号。但因为没能与品牌名、语言钉和大量的广告策划  真正联系起来，福来喜的鹳逐渐失去了它的效力。

随着广告成本的持续提升，越来越多像福来喜这样的传统品牌被迫削减它们的预算。

没有品牌可以承担仅仅用广告来维持它的视觉锤。视觉锤需要自我支撑。

因此，研发一个视觉/语言的战略很重要，它可以轻松地在你的包装、网站和所有营销素材上发挥作用。

来看看2001年进入美国市场的澳大利亚红酒黄尾（Yellow Tail）。

3年后，黄尾成为美国销量最大的进口葡萄酒，这在一个充斥着6 500个进口葡萄酒品牌的市场上，是一个卓越的成就。

黄尾的视觉锤是标签上一只黄色沙袋鼠（袋鼠中比较小型的一种）的黑色和黄色的速写。广告中使用了很多其他尾巴是黄色的形象，典型的标题是"在澳大利亚之外的地方发现了黄尾"。其他的形象包括美人鱼、袋鼠、鸟、孔雀、龙虾、彗星和短吻鳄。

我对使用那么多不同的视觉形象表示质疑，也许仅仅聚焦在沙袋鼠一个形象上效果会更好。但毫无疑问，黄尾的广告和包装之所以能建立一个强大的品牌，一部分原因在于过去十年中的早期，进口葡萄酒的广告竞争并不激烈。

（图上英文意为：尾巴，你赢了）

黄尾最近将它的语言钉缩减为平庸的口号："尾巴，你赢了。"

将"澳大利亚"4个字取

缔是一个错误,酒品牌需要"原产国"的信息来传递它的原创性。苏格兰的苏格兰威士忌(Scotch)在全球都很有价值,但是来自瑞士的苏格兰威士忌呢?那就没什么意义。

"原产国"在酒品牌的定位中很有帮助。比如来自日本的清酒(Saki)、来自墨西哥的龙舌兰(Tequila)、来自法国的香槟(Champagne)、来自俄罗斯的伏特加(Vodka)、来自古巴的朗姆酒(Rum)。

黄尾不仅建立了一个可以持续几十年的红酒品牌,它也帮助提升了澳大利亚作为一个高品质红酒生产国的认知。

黄尾应该持续推广它的原产国信息,这对黄尾和澳大利亚来说都是好事。

和葡萄酒一样,瓶装水也是一个数百个品牌争夺市场份额的品类。

由于百事可乐和可口可乐的强大分销网络,百事可乐公司的阿夸菲纳(Aquafina)和可口可乐公司的达沙尼(Dasani)主导着这个品类。依云仍然稳固地占据高端地位。

最近不断提升的一个品牌是雀巢的鹿园(Deer Park)。它是少数几个拥有能立刻被识别出来的视觉符号的瓶装水品牌之一。想想其他中端品牌:波兰泉(Poland Spring)、箭头(Arrowhead)、水晶高山泉水

（Crystal Geyser）和奥匝卡（Ozarka）——你如何将它们视觉化？

可以用视觉表现出来的一个品牌是箭头，但这个符号有瑕疵。箭头和水有什么关系呢？雀巢给这个品牌用的是"高山泉水"，用了典型的山脉作为视觉元素，而这个概念已经被依云先占了。

在像瓶装水这样品牌过度饱和的品类里，要发展出一个独特的语言钉是非常难的，因此像鹿园这样的品牌能被独特的视觉符号表现出来就更重要。将品牌的名字和视觉锁在一起，从长期来看就能带来意外的收获。

然而，常常发生的情况却是在品牌名、视觉锤和语言钉之间缺乏协调。混淆和困惑扼杀的品牌概念超过了几乎任何其他因素。

来看在明尼苏达州酿造的一个地域性啤酒品牌哈姆（Hamm），它是由当地的哈姆家族酿造的，因此以家族名来命名品牌。两个非常好的广告概念建立了哈姆啤酒品牌：一个是伴随着咚咚鼓声的铃铛声——"来自天蓝色水质的大地"，另一个是笨拙、会跳舞的黑白色卡通熊萨莎（Sascha）。

（图上英文意为：来自天蓝色水质的大地）

萨莎熊形象非常受欢迎，一直被使用30多年。

在换了一任又一任业主后，哈姆啤酒现在隶属于米勒库尔斯公司，它再也不是曾经的那个哈姆品牌了，它变成了货架底层的一个廉价啤酒品牌。

这太糟糕了。哈姆本可以用一贯的视觉／语言战略成为另一个"库尔斯"品牌。

和很多其他品牌一样，哈姆的名字与它的视觉锤（萨莎熊）没有关联，与它的（来自天蓝色水质的大地）也没有关联。

随着品牌数量的激增，生活变得越来越复杂，因此将这3个元素锁在一起就越来越重要。

3个好的概念并不会比一个整合的概念更好。社会流动性越来越强了，人们会去更多以前没有到过的地方，因此对视觉锤的需求就愈加强烈了。

来看看零售业。大多数零售连锁品牌都仅仅用名字来表明自己的身份，似乎标牌越大越好。然而，一些最成功的零售店会用强烈的视觉符号来标示自己的品牌身份。KFC的桑德斯上校、红辣椒餐厅（Chili's）的红辣椒、红龙虾餐厅的红色龙虾、塔吉特商店的红色靶子。

澳拜客（Outback）是第一家澳大利亚牛排餐厅。你可能会想，建立澳拜客餐厅的企业家会用一个视觉符号来标示自己的品牌。

澳拜客本该效仿它的一个竞争对手长角牛（LongHorn）牛排餐厅，后者用了长角牛的形象作为视觉符号来标示自己的品牌。

与营销有关的要素有3个：说出来的词、平面上的文字和视觉符号。心智对这3个要素的反应有很大差别。

当你听到"澳拜客牛排餐厅"的时候，你会马上想到"澳大利亚牛排餐厅"。但当你看到建筑物上的"澳拜客牛排餐厅"的时候，你就不会马上想到"澳大利亚牛排餐厅"。要理解平面文字的意思，你需要多走一步。

你不得不将这些文字展现出来的视觉符号翻译成大脑可以理解的听觉信息。这会需要一点时间和努力，很多人都不愿意多走这一步。

视觉则不同。一旦你被一个视觉元素的大小、形状或特殊的特征吸引，它就会在你的心智中立刻留下印象，而不需要翻译成听觉信息。这就是为什么不同寻常的动物总是比一般的动物更有效。

也是出于这个原因，领先的高端熟食品牌并不叫"猪头"（Pig's Head），而是叫作"野猪头"（Boar's Head），尽管野猪不过是野生的猪。"野猪"是一个独特而具有区隔性的词，容易让人记住。野猪头比"猪头"这样通用性的名字更能与熟食品牌相关联。

从字面的含义看，野猪头也没有很多不利的因素。

[除了在《古怪食物》（*Bizarre Foods with Andrew Zimmern*）的电视节目上，动物的头部很少被作为食物。]

一个独特而具有区隔性的品牌名还能发展出第二层意义，使消费者将这个品牌名与某个特定的产品品类相关联。在"野猪头"的例子中，第二层意义就是熟食品类。

尽管它缺少语言钉，野猪头仍然是一个成功的品牌，这多亏了它独特的视觉锤。

（图上英文意为：蟑螂来入住……但再也无法退房）

当你把品牌名、视觉锤和语言钉结合起来的时候，你可以建立一个"刀枪不入"的品牌。蟑螂旅馆（Roach Motel）就是一个好例子。

"旅馆"是一个通用性的名词，但当它与虫子或灭虫器联系起来时，它就变成了一个特别易记的词。这个灭虫器的语言钉是："蟑螂来入住……但再也无法退房。"

企鹅是一种不常见的动物，这使得它可以成为一个好的视觉锤，尽管Linux只有个人电脑操作系统5%的市场份额，但这个品牌名依然非常出名。

Linux的语言钉是这个品牌独特的定位——最受欢迎的开放式操作系统。来比较一下Linux和微软的Windows。

有多少人对Windows的视觉锤有很深刻的印象？即使这个品牌的市场占有率高达90%。

Windows的视觉也许设计得很有吸引力，也将操作系统的功能用符号表现了出来，但它不够独特和有区隔性，因此不容易被人记住。

微软使用了多种颜色，也没有什么帮助。

2005年，Google收购了一家默默无闻的公司安卓（Android），后者为手机开发软件。紧随iPhone之后，Google似乎要准备发起进攻了。

在推出自己的手机不尽如人意之后，Google推出了安卓手机平台和iPhone竞争。

跟随安卓技术一起面市的，还有它的视觉符号绿色的小机器人，后来它成为这个品牌独特而具有区隔性的强大视觉锤。

对一个高科技产品来说，机器人可能是一个平淡无奇的选择，但当机器人结合了简单的设计、一种特定的颜色后，它就可以使这个选择变得非常突出。

熊猫快餐（Panda Express）就是如此。熊猫快餐是中式快餐，选择熊猫做视觉符号也是再自然不过的事情，但熊猫快餐是心智中的第一个中式快餐品牌，它将这个视觉符号与品牌名联系起来，同时传递了中式和快餐两个概念。

目前，熊猫快餐的增长很快，已经成为亚洲餐厅品类中的领先者，占有45%的市场份额。

尤其是快餐餐厅和零售商，如果没有为品牌发展出一个独特的视觉锤，就是严

重的错误。

零售商常常是语言导向的,把视觉视为无物,就算再使用一个视觉符号,也认为视觉不过是"品牌的装饰"。

这些外来的连锁品牌超越当地由来已久的零售商的一部分原因,是因为这些连锁品牌总的来说更有可能发展出有效的视觉锤。

当地并没有很多中式餐厅在视觉上像熊猫快餐那么突出。

在互联网的世界里也一样。网站需要创建独特的视觉锤,因为只有这样才能使自己的品牌发展起来,进入顾客心智。

在过去十年中,几百家社交媒体网站和博客网站相继出现,但没有一个能像Twitter⊖一样发展迅速。

Twitter选择了一个可以将之视觉化的名字,并且聚焦于140个字符的信息,把这些信息叫作"tweets"⊜。把所有这些创意结合起来,就形成了具有杀伤力的组合。推特目前的用户量超过两亿。

Twitter使用了各种和鸟有关的视觉,但都明智地用一个简单的图案和一种单一的颜色。可能它不是树林里最可爱的小鸟,但确实是一个非常有效的视觉锤。

作为视觉锤,更不同寻常的一种动物是渡渡鸟(dodo),这是一种体积庞大的鸟类,与亚洲鸽子有很远的亲缘关系。

渡渡鸟只存在于毛里求斯岛上,其历史可以追溯到1598年,当时岛屿上还没有人类居住。因此这些鸟不曾惧怕人类,并

---

⊖ Twitter的字面意思是小鸟叫。——译者注
⊜ tweets的字面意思是小鸟叫声。——译者注

且像孩子一样天真地迎接了第一批上岛居住的人类，随后它们被人类无情地捕杀猎食。

到了 1681 年，渡渡鸟灭绝了。

渡渡鸟是 Dodocase 的视觉锤，它是用竹子和布料做成的 iPad 保护壳，并用了传统书籍装帧的技术。

这个品牌的壳子只有黑色，这在 iPad 用户中也引发了很好的反响。说到与众不同，Dodocase 显然做到了。

Dodocase 的语言钉是："保护濒临灭绝。"

实际上恰恰相反，渡渡鸟没能保护自身，最后还是灭绝了。但没有关系，心智会将这一概念逆转，并认为 Dodocase 的语言钉就是事实。

能说明视觉力量的一个例子就是我们生活中的红绿灯。

如果我们的交通信号灯用的是文字，而不是视觉，那只能祈祷上帝保佑了。

如果我们的信号灯会显示"停、行和等待"，而不是用颜色，那么在公路上的交通事故率可能会翻倍。

为什么那么多品牌还在用语言文字的方法而忽略了视觉？我无法理解。

这些品牌的所有人应该开着车到街上转转，这样也许他们就能注意到信号灯了。

# VISUAL HAMMER

第 12 章

## 传承：让历史发挥作用

HERITAGE: Putting the past to work

2003 年，人们在纽约的一个金属储存箱里发现了 32 幅绘画作品，其作者很可能是杰克逊·波洛克（Jackson Pollock）。

这些作品被用棕色的纸包着，用绳子系着，并贴有手写的标签，很像 20 世纪 40 年代的波洛克。

艺术专家们对这些作品进行了评估，如果它们是真迹，其价值可达约 1 000 万美元。如果它们不是真迹，几乎就没什么价值。

很多产品也如此。

你花了 1 800 美元在商店买的一个普拉达（Prada）手袋可能价值 1 800 美元，而你在街上花 50 美元买的一个仿普拉达手袋的包也许就只值你所付的价格。

如果你对购物地足够谨慎，假冒品牌如今已经基本不是问题，但仿造品牌依然随处可见。

这些品牌看起来、闻起来、尝起来都像是大品牌，但没人知道这些品牌的名字，也不清楚这些品牌代表的是什么。

超市、药房、服装店和其他各种商店都充斥着很多仿造品牌。

"传承"视觉锤可以为你的品牌建立正宗的认知，并将它与仿造品类区隔开来。如今的消费者都希望获得的产品和服务是品牌原创的，是正宗的。

即使是像麦当劳叔叔这样虚构的形象也会帮助品牌正身，特别是孩子们会认为麦当劳叔叔就是他们喜爱的快餐连锁餐厅的所有人。

对那些 2～6 岁的孩子来说，麦当劳是他们的首选餐厅，他们常常拽着父母去麦当劳，而相比之下，这些父母更愿意去汉堡王。

面对麦当劳叔叔强大的吸引力，汉堡王本该怎么做？

什么都不做。最好的战略就是忽视竞争对手的优势，攻击他们的弱点所在。汉堡王本该聚焦于成年人市场。（我的父亲曾建议汉堡王针对十几岁的少年和青年人群，推出"长大就吃火烤汉堡"的战略。）

相反，汉堡王模仿了麦当劳，在餐厅里增加了儿童乐园和送玩具的儿童套餐。为了针对麦当劳叔叔，汉堡王还推出了"国王"。

（国王这一戴着面罩、没有名字的形象，看起来不但不酷，而且有些吓人。）

模仿竞争对手从来都不是好办法，更何况国王形象也不是一个好的视觉元素。麦当劳叔叔热情亲切，而国王冷漠不易亲近。

10年前，在美国市场上，麦当劳的平均单店销售额超过汉堡王的41%。如今，麦当劳的平均单店销售额已经超过了汉堡王82%。

和汉堡一样，在银行业，规模通常是一个优势。比起小银行，大银行有更多的分支机构、更多的ATM机和更高的街头可见度。

美国约有 7 000 家银行，是世界上拥有最多银行的国家。四大银行主导着这一行业：美国银行（Bank of America）、花旗集团、摩根大通银行（JP Morgan Chase）和富国银行（Wells Fargo）。尽管富国银行是这四大银行中最小的一个，但却是最盈利的。

以下是四大银行在过去 10 年中的收入和净利润率：

- 花旗银行 11 589 亿美元，8.2%
- 美国银行 9 325 亿美元，10.9%
- 摩根大通 8 233 亿美元，10.4%
- 富国银行 5 066 亿美元，14.6%

公共马车是富国银行的视觉锤，大多数人在很多西部电影中

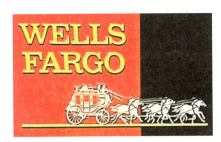

都看到过，包括经典的《驿站马车》（Stagecoach）。

为什么非常现代的银行要用一个公共马车这样老式的视觉符号呢？

在营销圈里，人们认为"老的"就是坏的，"新的"才是好的。

因此，"创新"成为很多美国大企业的动力，他们想要在最新的事物中成为先锋。创新并没有什么错。"新的"确实是好的，但"老的"有时候甚至更好。"老式"可以为建立一个强大的新品牌提供基础。

公共马车对富国银行来说是一个非常好的视觉锤,因为它将这家公司长达150多年的历史通过符号表现了出来。

"我们一起走得更远"是富国银行的语言钉,但是相对较弱。坐公共马车并不能走很远或很快,要走得又远又快,你要坐飞机。

对富国银行来说,更好的方向或许是强调它的金融稳定性:大致的概念可以是"其他品牌来了又走,但富国银行的财务业绩已经超过150年了"。

富国是一个实业性的银行和公共马车公司,但一家公司或一个品牌也可以借用一个虚构的概念获得成功。

19世纪的黑人说唱秀中有一个非裔美国人,其灵感来自一首歌谣《杰迈玛大婶》(Old Aunt Jemima)。

因此,在1889年,一个面粉生产商借用了这个名字,并给自己的煎饼粉起名为"杰迈玛大婶"。

如今,杰迈玛大婶隶属于桂格麦片(Quaker Oats)公司,是领先的煎饼粉品牌,也是糖浆和其他食品产品的品牌名。

从理智上,普通消费者都知道像杰迈玛大婶这样的形象是为了出售产品而虚构出来的,但从情感上则不同。这就是视觉锤所扮演的重要角色。

从情感上,名字和视觉符号创造了一个认知,即认为杰迈玛大婶是一个真实存在的人,而且特别擅长烹饪。否则,为什么要把煎饼粉叫作"杰迈玛大婶"呢?

如果杰迈玛大婶是一个虚构的名字，那么当然也不存在快乐的绿巨人山谷（Vally of the Jolly Green Giant），会有绿巨人发出熟悉的"嚆嚆嚆"声。

显然，也没有贝蒂妙厨（Betty Crocker）、皮尔斯伯利面团宝宝（Pillsbury doughboy）或奇宝精灵（Keebler Elves）。但这无关紧要。快乐的绿巨人和其他符号是把这些品牌人格化的视觉锤，它们让这些品牌看起来更真实、更正宗。它们在品牌和消费者之间建立了情感纽带，而这是语言文字本身无法做到的。

绿巨人一度成为美国市场上冷冻蔬菜的领先品牌，尽管是 Birds Eye 品牌开创了这个品类。

在过去的 10 年间，Birds Eye 重新夺回了它的领先地位，这得益于该品牌是冷冻食品品类中第一品牌所具备的可信度。

另一个将绿巨人品牌拉下冷冻蔬菜领导地位的因素是这个品牌延伸到了罐装蔬菜品类，这是非常典型的错误，也是专才类品牌（Birds Eye）胜过通才类品牌（绿巨人）的例子。

洁碧先生（Mr. Clean）也是一个虚构的人物形象，他是一个在 1958 年推出的品牌的虚构代言人，并建立起了一个主导品牌。推出市场后 6 个月，洁碧先生成为美国排名第一的清洁剂，

并且创作了电视历史上最长的广告词。

"洁碧先生只需一分钟,就能清除灰尘、污垢和油脂。"

"洁碧先生能帮你清洁整个房子和房子里的所有物品。"

相比于洁碧先生已经获得的成功,我不认为下一代品牌还能取得同样的成就。最近,宝洁公司把洁碧先生带出了房间,用他开创了一个洗车连锁品牌。

市场上有全国加油站连锁品牌(壳牌)、全国租车连锁品牌(赫兹)、全国滑油速换连锁品牌(捷飞络,Jiffy Lube),但还没有全国洗车连锁品牌。

这是消费者心智中的一个开放的空缺,最终会被某个品牌填补。但是,在我看来,这个空缺不是洁碧先生可以填补的。这个品牌在认知中与房屋清洁剂紧密联系在一起,而不是洗车服务品牌。

太糟糕了。

那些建在繁忙的高速公路边上的零售商尤其需要视觉锤。它们需要抓住来往驾车者的眼球,并立刻传达品牌、产品或这个品牌提供的服务信息。

星巴克的美人鱼、塔吉特的靶子、温蒂汉堡(Wendy's)的小辫子、麦当劳的金色拱门……这些都是很好的例子。但是洁碧先生呢?把房屋清洁剂转变成洗车服务的视觉锤,要花上很长时间——如果有可能转变的话。

宝洁应该研究一下花生先生（Mr. Peanut）的命运，绅士牌（Planters）将品牌名延伸到了零食品类，包括椒盐脆饼干、薯条、玉米片和芝士卷。

把一个坚果品牌放在薯条产品上？对绝大多数消费者来说，这毫无意义。

这是营销的悖论。一个虚弱的品牌名几乎不代表任何东西，可以延伸到不同的品类，但谁会要一个虚弱的品牌名呢？

另一方面，一个强大的品牌，像绅士牌一样主导着坚果品类，就无法延伸。

然而，人人都想将强大的品牌延伸到其他品类中。

1916年，弗吉尼亚一所小学的一个小男孩在绘画比赛中画了个小小的花生人，并赢得了5美元的奖金。从那以后，花生先生数年来不断演变。我认为，绅士品牌能占据40%的市场份额，花生先生这个卡通形象是不可或缺的助力。

"绅士"⊖是个通用性的名字，它就像"栽培者"或"生产者"或"农民"，都是虚弱的品牌名。

花生先生这个视觉锤使得"绅士"这个品牌看起来更像是一个特定品牌名，而不是某个品

---

⊖ Planters 的字面意思是种植者。——译者注

类的通用品。它也赋予了这个品牌人格特性,是个好创意。

蓝多湖(Land O Lakes)黄油包装上的印度少女也帮助这个品牌实现了人格化。自1928年初次完成设计后,这个少女形象经历了很多次细微的修改。印度少女形象对黄油品牌来说是一个很好的选择,它传达了蓝多湖黄油的天然纯度。

在推出新品牌的时候,公司常常想用抽象的图案来传达"最新潮"的概念,这是它们常犯的错误。

就像帕尼罗面包店(Panera Bread)的视觉符号。这个抽象的图形可能会引起艺术评论家的共鸣,但普通大众并不会,如果没有"面包"这个词,他

们可能会认为帕尼罗是一个洗发水品牌。实际上,帕尼罗面包是一个非常成功的全国连锁店。

它拥有1 324家分店,年销售额28亿美元,帕尼罗是美国最大的面包–咖啡连锁店。

但是如果有一个视觉锤,这个品牌本可以变得更强大。现在的这个视觉符号需要凑近了仔细研究,才能分辨出一个长发飘飘的女士拿着一片面包。大多数人都忽略了这个充满艺术气息的图案,只看到"帕尼罗"这个词。

在被理解之前,文字需要被大脑转换成听觉上的声音,这需要花费一点时间。

这就是为什么使用视觉锤比仅仅使用文字更好，因为它们几乎可以被立刻识别出来。

除了个别例外，使用视觉锤来表现传承似乎要成为失传的艺术，相反，大多数品牌经理人都希望他们的产品包装现代化。

为什么要现代化的包装？显然很多营销人想要剔除那些可能会让品牌显得古老或过时的视觉元素。

但就像优质的波尔多葡萄酒（Bordeaux wine），大多数品牌已经存在几十年了，这是一个优势而不是劣势。消费者会想，这个产品一定很好，否则它不会经受住时间的考验。

百事可乐花费了几百万美元来设计新包装和新广告，试图抹去它 113 年的历史。更糟糕的是，这家公司最近推出了百事可乐品牌的"复古版"，从视觉上展示了在过去几十年中发生的巨大变化。

这是个好主意吗？在饮料罐的正前方贴上"用蔗糖调配"的标签是个好主意吗？

所有这些做法会让人们联想到现在的百事可乐产品是用高果糖谷物糖浆调配的。

还有设计方面的问题。给产品的包装设计做细微的修改是一回事，但百事可乐抛弃了它的过去。

字体不同了，颜色不同了，标识也多次被重新设计。

百事可乐曾经是排名第二的可乐品牌，如今百事已经落到了第三位，排在可口可乐和健怡可乐（Diet Coke）之后。

另一方面，可口可乐一直在强调它的传承。这个品牌仍然在使用斯宾塞的手写字体，与1886年刚刚推出这个品牌时一样。

如今，可口可乐是全球最具价值的品牌。这一发展是如何实现的？

更确切地说，是保持不变。

## 第 13 章
# 你的锤子：如何找到一个视觉锤
YOUR HAMMER: How to find one

多年前，比尔·伯恩巴克（Bill Bernbach）推出了团队工作方法，给广告业带来了革命性的转变。

在伯恩巴克之前，广告文案先要写出文字方案，然后将它转交给美编进行视觉化表现。

伯恩巴克从根本上改变了这个系统，他设定了由两个职务组成的团队，一个广告文案和一个美术编辑，在他们展开各自的工作之前要先讨论出战略，之后再进行广告创意。

这些美编/文案团队使得广告业发展到了前所未有的高度，人们称之为"广告的黄金时代"，并根据当时的背景拍摄了电视剧《广告狂人》（*The Mad Men*）。这一团队工作方法在今天的广告行业中仍然被广泛使用。

但你不必花高价请广告代理或美编/文案团队，同样也能用这种方法使你的品牌获得裨益。

在你的大脑里，也有这样一个团队可以为你工作。你的左脑是文案，右脑是美编。不幸的是，左脑常常自称无所不知，是压倒一切的命令者，它不断支配着你右脑潜意识里生成的视觉概念。

当你分析性思维的左脑关注在一个问题上时，逻辑往往会打败直觉。你整体性思维的右脑仍有想法，但总会被另一侧的压倒而缄默。

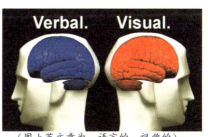

（图上英文意为：语言的；视觉的）

结果，大多数人几乎完全是以语言和分析性思维为主的，他们生活在语言文字的世界里，用语言文字思考，用语言文字书写，用语言文字交谈。

由于数字技术改革，我们正被语言文字轰炸，规模之大前所未有。

每天，全球发送的电子邮件多达 2 940 亿封。在 Twitter 上，每天发送的 tweets 有 6 800 万条。除了这些文字信息的大量倾泻之外，还有 2.55 亿个网站和 1.52 亿个博客。当你生活在一个文字的世界里时，你会倾向于将视觉的世界放在语言文字现实之后。

但大自然是视觉的，而不是语言文字导向的。

在公园里散步，在海洋里畅游，或者登高爬山，你看到的就是现实，在大自然中没有语言文字。文字是被创造出来帮助人们传达自然现实信息的工具。

照片和图片也是人造的，但比起文字来更能直接表现大自然，它们能引发内在的影响，这是文字所不具备的。

看看这张小宝宝的照片，无论文案能力多强，方案渲染得多好，仅靠文字都无法抓住一张简单照片的情感影响。

文字无法替代家庭人寿保险的鸭子、万宝路的牛仔和可口可乐曲线瓶带来的情感影响力。

这些和其他数百个视觉锤创造并维护了世界上最知名也最具价值的品牌。

然而，一份典型的营销方案里通常有几十页、数千字，几乎不会提到视觉锤可能发挥的作用。

这并不是说文字不重要。文字也很重要，但没有视觉的推动，文字很难进入消费者的心智。

视觉锤会在消费者的右脑形成情感影响，这种影响会激发左脑将概念用语言文字表达出来并存储在心智中。

你的右脑不是按照我们通常所说的"思考"方式运转的，它会不自觉地做出情感上的反应。

我们的情感是没有逻辑的。试着解释你所说的爱、失去、快乐、心碎或恐惧。这些情感是真实的，但很难用语言准确地表达出来。

在讨论如何消解在创作过程中左脑的主导性之前，先来回顾一下视觉锤在营销中的历史会有所帮助。它主要可以分为三个阶段。

## 第一阶段：无关联的视觉锤

有几个例子：哈撒韦（Hathaway）衬衣的眼罩、凯洛格冻麦片的托尼虎、福来喜的鹤、星巴克的美人鱼。

眼罩、老虎、鹤和美人鱼都是附加的元素，与品牌本身并没有密切的关系。

从短期来看，无关联的视觉可以惊人地有效。

一方面,没有必要用一个与品牌有逻辑关联的视觉锤,因为选择范围有限。你可以用你能找到的最有震撼力、最不同寻常的视觉元素。另一方面,从长期来看,由于视觉元素与品牌没有关联,除非能有长期持续的广告支持,否则它通常会失效。

例如,哈撒韦衬衣曾经占据非常大的市场份额,但如今风光不再。拉尔夫·劳伦取代哈撒韦成了衬衣的主导品牌。

## 第二阶段:关联的视觉锤

有几个例子:"喝牛奶"广告策划中的胡子、家庭人寿保险的鸭子、盖可保险的壁虎、拉尔夫·劳伦的马球运动员。

但是等等,马球运动员与拉尔夫·劳伦品牌之间不是和眼罩与哈撒韦品牌之间一样没有关联吗?

并不绝对。谁都可以失去一个眼睛,但只有富人才玩得起马球。相比于马球运动员,眼罩这个视觉元素更有震撼力,也许更能引起人们的注意。

但马球运动员传递的是"高档"的信息,这正是拉尔夫·劳伦这个品牌想要占据的定位。

这就是关联与无关联视觉锤之间的差异,关联的视觉元素能更好地体现品牌的属性。

当视觉元素同时被强大的语言钉强化时,效果尤为突出。而拉尔夫·劳伦却忽视了这一点。

## 第三阶段：植入式视觉锤

迄今为止，大多数视觉锤都是附加于营销规划来提升营销效果的，最新、最引人注目的发展是在推广的产品或服务中植入的视觉锤。

有几个例子：米索尼（Missoni）的 Z 字形设计、苹果 iPod 的白色耳机、克里斯提·鲁布托的红鞋底、Maker's Mark 波旁酒的红色滴蜡、科罗娜啤酒瓶顶部的柠檬片、劳力士的表带、Twitter 的小鸟。

植入式的视觉锤比关联或无关联的视觉锤更真实、权威。

真的有人相信托尼虎觉得冻麦片很好吗？那些名人喝牛奶的时候会粘上胡子吗？他们真的喝牛奶吗？

此外，植入式视觉锤即使没有大量的广告，也可以持续发挥作用，尽管也不总是尽如人意。我曾强烈推荐过用公关推出新品牌 [ 参见《广告的没落　公关的崛起》（The Fall of Advertising and the Rise of PR）一书 ]，但对一个已经建立起来的品牌来说，情况则相反。

广告就像保险。没有什么能比大量的广告预算更能维护

一个既有品牌了。像劳力士、耐克、麦当劳和可口可乐等品牌之所以几乎不受竞争影响，都是因为花费了数百万美元的广告费用来保护品牌。

但如果你没有可口可乐、耐克或麦当劳这样的资源，该怎么做呢？

那么，就忘记广告。如果你没有足够的资金达到噪声层面之上，你还不如什么都不要花费。

有一个好消息，植入式的视觉锤甚至可以帮助小公司与大企业竞争，而且不需要借助广告。植入式的视觉锤比文字本身强大得多，它可以通过放大每个标牌、网站、手册和信息的能量，以弥补营销资源的不足。

尽管本书中提到了很多视觉锤的效力，但实际上很少有品牌（从百分比来看）发展并利用了视觉锤的力量。

绝大多数品牌仍然仅依靠含糊的语言表述和定位。

以下是以A开头的几家公司的语言定位。和字母表上其余大部分公司一样，这些公司的语言概念都无法通过视觉表现出来：

安泰保险（Aetna）：我们希望你知道。

美国航空（American Airlines）：我们了解您为何飞行。

美国癌症协会（American Cancer Society）：为生存提供官方支持。

美国运通（American Express）：负责。

AT&T：反思可能。

奥迪（Audi）：工程学的真理。

这些语言上的概念有自己的含义，但由于它们缺少视觉，因此几乎没有情感影响，结果就是不容易被人记住。

为什么会这样？为什么大多数品牌都只用语言概念，没有视觉锤？

这很典型。公司会研究出一项定位战略或内部研究，或与广告、营销代理机构共同研究，这些内容都是通过语言表达的。

在公司的执行官签字认可了这项语言上的战略后，下一步就是借用文字、图片和视频来执行这项战略。

换句话说，渲染这个语言表述的概念。

就在这里停下。在你考虑执行一项令人满意的战略之前，问问你自己，视觉锤是什么？大多数语言信息都无法用视觉形象表现出来。你如何在视觉上表现"我们了解您为何飞行"？

没有视觉锤，你的营销规划就缺少了工具箱里最强大的装备。

让我重复一遍。视觉锤是进入消费者心智最好、最有效、最有说服力的途径，但99%的营销规划都缺少视觉锤。

尽管锤子的力量很大，但钉子仍然更为重要。毕竟，语言钉是营销战略的目标。锤子只是帮助钉子进入心智的工具。

（图上英文意为：最有力；最重要）

在实践中，为了有效、统一地推进营销战略，你如何处理钉子和锤子这两者之间的关系？

首先，启用你的左脑，尽量用一个词或概念来表达营销战略的本质。

停。如果你对你的语言概念很满意，就不要再去思考它。出去散散步、小睡一下、冲凉放松一下，或者睡一觉。

然后启用你的右脑，要避免来自你逻辑分析性思维的左脑的不断干扰。

问问周围的人，你会发现很多很好的主意都不是人们死盯着问题时想到的，而是在放松的过程中灵感突发。

以绝对伏特加的瓶子为主题的广告创意，是史上投放时间最长、最成功的广告之一，据说它就是美术总监杰夫·海耶斯（Geoff Hayes）躺在浴缸里时突然想到的。

所以，放松。也许一两个小时，没有刻意的思考，你脑子里就会出现一个视觉形象。这就是右脑工作的方式。情感无法强迫而生。

但如果没有视觉创意闪现，要怎么做呢？那就回到起点，找到你营销战略的另一种语言表述。

为了找到一个可以与视觉锤一同协作的定位，你常常需要牺牲一个先定的语言定位的效力。

例如宝马。多年前，很容易设想公司可能会选择"性能"作为定位战略，这很符合逻辑，也与宝马汽车获得的很多有利评论相一致。

但将"性能"这一语言钉钉入心智的锤子在哪里呢？

相反，宝马选择了"驾驶"作为它的定位战略，这是一个可以在电视上用视觉表现出来的概念，画面中是愉快的驾车者开着他们的宝马车在蜿蜒的乡间道路上驰骋。

通过实践，人们可以很快明白为什么大多数营销规划都缺少一个视觉锤,因为它们的语言概念过于宽泛。

要发展出一个视觉锤,你需要一个可以将它通过视觉表现出来的狭窄的概念。

不必苦恼一个狭窄的概念无法像宽泛的概念一样吸引很多人。用狭窄的概念吸引一个细分市场,比一个宽泛的概念什么都吸引不了要好得多。

我们正步入视觉的时代,这一点已经越来越清晰。一个新品牌除非包含甚至是植入了一个有力的视觉锤,否则就不太可能成功。在此改写一段古老的谚语:

少了一个锤子,丢了一颗钉子,
丢了一颗钉子,坏了一个战略,
坏了一个战略,损了一个品牌,
损了一个品牌,亡了一家公司。

钉子更重要,但锤子更强大。这不是一个容易领会的概念。因此,我写了这本书。

# 附录 A 定位思想应用

**定位思想**

**正在以下组织或品牌中得到运用**

- **长城汽车：品类聚焦打造全球盈利能力最强车企**

以皮卡起家的长城汽车决定投入巨资进入现有市场更大的轿车市场，并于 2007 年推出首款轿车产品，市场反响冷淡，企业销售收入、利润双双下滑。2008 年，在定位理论的帮助下，通过研究各个品类的未来趋势与机会，长城确定了聚焦 SUV 的战略，新战略驱动长城重获竞争力，哈弗战胜日韩品牌，重新夺回中国市场 SUV 冠军宝座。2011 年至今，长城更是逆市增长，SUV 产品供不应求，销售增速及利润高居自主车企之首，利润率超过保时捷位居全球第一，连续三年成为全球盈利能力最强的车企。2009 年导入聚焦战略不到 5 年里，长城汽车股票市值增长超过 80 倍。

- **老板：定位"大吸力"，摆脱长期拉锯战，油烟机市场一枝独秀**

长期以来厨房家电中的两大品牌——老板与方太——之间的竞争呈现胶着状态，双方仅有零点几个百分点的差距。2012 年开始，老板进一步收缩业务焦点，聚焦"吸油烟机"，强化"大吸力"。根据中怡康零售监测数据显示，2013 年老板电器在吸油烟机市场的零售量和零售额份额同时卫冕。同时，由于企业聚焦的"光环效应"带动，老板灶具的销售额与销售量也双双夺冠，首次全面超越华帝灶具。2014年第一季度，老板吸油烟机零售量市场份额达到15.67%，领先第二名36.02%；零售额市场份额达到23.30%，领先第二名17.31%。

- **新杰克缝纫机：聚焦"服务"与中小企业，缔造全球工业缝纫机领导品牌**

在经历连续三年下滑后，昔日工业缝纫机出口巨头杰克公司启动新的聚焦战略，进一步明确了"聚焦中档机型、聚焦中小服装企业客户、聚焦服务"的战略方向。在推动实施新战略后，新杰克公司2013年销售大幅上涨。当年工业缝纫机行业整体较上一年上涨10%～15%，而杰克公司上涨110%。新战略推动杰克品牌重回全球工业缝纫机领导品牌的位置，杰克公司成为全球最大的工业缝纫机企业。

- **真功夫：新定位缔造中式快餐领导者**

以蒸饭起家的中式快餐品牌真功夫在进入北京、上海等地之后逐渐陷入发展瓶颈，问题店增加，增长乏力。在定位理论的帮助下，通过研究快餐品类分化趋势，真功夫厘清了自身最佳战略机会，聚焦于米饭快餐，成立"米饭大学"，打造"排骨饭"为代表品项，并以"快速"为定位指导内部运营以及店面选址。新战略使真功夫重获竞争力，拉开与竞争对手的差距，进一步巩固了中式快餐领导者的地位。

……

红云红河集团、鲁花花生油、芙蓉王香烟、长寿花玉米油、今麦郎方便面、白象方便面、爱玛电动车、王老吉凉茶、桃李面包、惠泉啤酒、燕京啤酒、美的电器、方太厨电、创维电器、九阳豆浆机、乌江涪陵榨菜……

• "棒！约翰"：以小击大，痛击必胜客

《华尔街日报》说"谁说小人物不能打败大人物"时，就是指"棒！约翰"以小击大，痛击必胜客的故事。里斯和特劳特帮助它把自己定位成一个聚焦原料的公司——更好的原料、更好的比萨，此举使"棒！约翰"在美国已成为公认最成功的比萨店之一。

• IBM：成功转型，走出困境

IBM公司1993年巨亏160亿美元，里斯和特劳特先生将IBM品牌重新定位为"集成计算机服务商"，这一战略使得IBM成功转型，走出困境，2001年的净利润高达77亿美元。

• 莲花公司：绝处逢生

莲花公司面临绝境，里斯和特劳特将它重新定位为"群组软件"，用来解决联网电脑上的同步运算。此举使莲花公司重获生机，并凭此赢得IBM的青睐，以高达35亿美元的价格售出。

• 西南航空：超越三强

针对美国航空的多级舱位和多重定价的竞争，里斯和特劳特将它重新定位为"单一舱级"的航空品牌，此举帮助西南航空从一大堆跟随者中脱颖而出，1997年起连续五年被《财富》杂志评为"美国最值得尊敬的公司"。

……

惠普、宝洁、通用电气、苹果、汉堡王、美林、默克、雀巢、施乐、百事、宜家等《财富》500强企业，"棒！约翰"、莲花公司、泽西联合银行、Repsol石油、ECO饮用水、七喜……

# 附录 B　企业家感言

经过这些年的发展，我的体会是：越是在艰苦的时候，越能看到品类聚焦的作用。长城汽车坚持走"通过打造品类优势提升品牌优势"之路，至少在 5 年内不会增加产品种类。

——长城汽车股份有限公司董事长　魏建军

在与里斯中国公司的多年合作中，我最大的感受是企业在不断矫正自己的战略定位、聚焦再聚焦，真的是一场持久战。

——长城汽车股份有限公司总裁　王凤英

我对定位理论并不陌生，本人经营企业多年，一直在有意识与无意识地应用定位、聚焦这些法则。通过这次系统学习，不但我自己得到了一次升华，而且更坚定了以后经营企业要运用品类战略理论提升心智份额、提高市场份额的决心。

——王老吉大健康产业总经理　徐文流

没听课程之前，以为品类课程和定位课程差不多，听了课程以后，发现还是有很大的不同。品类战略的方法和步骤更清晰、更容易应用。听了品类战略的课才知道怎么在企业里落实定位。

——杰克控股集团有限公司总裁　阮积祥

听完课后，困扰我多年没有想通的问题得到了解决，品类战略对我帮助真的非常大！

——西贝餐饮集团董事长　贾国龙

我读过很多国外营销、战略类图书，国内专家的书，我认为只有《品类战略》这本书的内容最值得推荐，因此，我推荐360公司的每位同事都要读。

——奇虎 360 公司董事长　周鸿祎

通过学习，我认识到：聚焦，打造超级单品的重要性，通过打造超级单品来提升企业的品牌力。品类战略是企业系统工程，能使企业从外而内各个环节相配称。

——今麦郎日清食品有限公司董事长　范现国

学习了品类战略之后，我对心智当中品类划分更清楚了，回去对产品就做了调整，取得了很好的效果，就这一点就值得500万元的咨询费。

——安徽宣酒集团董事长　李健

我很早就读过《定位》，主要的收获在观念上，在读了《品类战略》之后，我感觉这个理论是真正具备系统的操作性的。我相信（品类战略）这个方法是革命性的，它对创维集团的影响将在未来逐步显现出来。

——创维集团副总裁　杨东文

对于定位理论的理解，当时里斯中国公司的张云先生告诉我们一句话，一个企业不要考虑你要做什么，要考虑不要做什么。其实我理解定位，更多的是要放弃，放弃没有能力做到的，把精力集中到能够做到的地方，这样才有可能在有限的平台当中用你更多的资源去集中，做到相对竞争力的最大化。

——家有购物集团有限公司董事长　孔炯

我听过很多营销课，包括全球很多大公司的实战营销、品牌课程。里斯的品类战略是我近十年来听到的最好的营销课程！南孚聚焦战略的成功经验，是花了一亿多元的代价换回来的。所以，关于聚焦，我特别有共鸣。

——南孚电池营销总裁　刘荣海

我们非常欣赏和赞同里斯品类战略的思想，我们向每一个客户推荐里斯先生的《品牌的起源》，了解品类战略。我们也是按照品类战略的思想来选择投资的企业。

——今日资本总裁　徐新

这是一个少即是多、多即是少的时代，懂得舍弃，才有专一，只有占据人们心智中的"小格子"，才终成唯一。把一切不能让你成为第一的东西统统丢掉，秉怀这种魄力，抵抗内心的贪婪，忍痛割爱到达极致，专心做好一件事，才有可能开创一个品类，引领一个品牌，终获成功。

——猫人国际董事长　游林

经过30年的市场经济发展，现在我们回过头来再来看《品类战略》。一方面，它是对过去的提炼与总结；另一方面，它让我们更多地了解到我们的中国制造怎样才能变成中国创造。

——皇明集团董事长　黄鸣

接触了定位理论，对我触动很大，尤其是里斯先生的无私，把这么好的观念无私地奉献给企业。

——滇红集团董事长　王天权

三天的学习，最大的收获是：用聚焦思考定位，做企业就是做品牌大树，而不是品牌大伞或灌木。还有一个重要的启示是：

战略由决策层领导制定。

——公牛集团董事长　阮立平

好多年前我就看过有关定位的书，这次与我们各个事业部的总经理一起来学习，让自己对定位的理念更清晰，理解更深刻，对立白集团的战略和各个品牌的定位明朗了很多。

——立白集团总裁　陈凯旋

消费者"心智"之真，企业、品牌"定位"之初，始于"品牌素养"之悟！

——乌江榨菜集团董事长兼总经理　周斌全

品类战略是对定位理论的发展，抓住了根本，更有实用性！很好，收获很大！

——白象食品股份有限公司执行总裁　杨冬云

课程前，我已对里斯品类战略进行了学习，并在企业中经营实践。这次学习的收获是：企业应该聚焦一个行业，甚至聚焦某一细分品类去突破。把有限的资源投入到别人的弱项以及自己的强项上去，这样才能解决竞争问题。

——莱克电气股份有限公司董事长　倪祖根

战略定位，简而不单，心智导师，品牌摇篮。我会带着定位的理念回到我们公司进一步消化，希望定位理论能够帮助我们公司发展。

——IBM（中国）公司合伙人　夏志红

定位思想最大的特点就是观点鲜明，直指问题核心，绝不同于学院派的观点。

——北药集团董事长　卫华诚

心智为王，归纳了我们品牌成长 14 年的历程，这是极强的共鸣；心智战略，指明了所有企业发展的正确方向，这是我们中国的福音；心智定位，对企业领导者提出了更高的要求，知识性企业的时代来临了。

——漫步者科技股份公司董事长　张文东

# 科特勒新营销系列

| 书号 | 书名 | 定价 | 作者 |
| --- | --- | --- | --- |
| 978-7-111-71337-1 | 营销革命5.0：以人为本的技术 | 69.00 | (美) 菲利普·科特勒 |
| 978-7-111-66272-3 | 什么是营销 | 69.00 | 曹虎 王赛 科特勒咨询集团(中国) |
| 978-7-111-62454-7 | 菲利普·科特勒传:世界皆营销 | 69.00 | (美) 菲利普·科特勒 |
| 978-7-111-63264-1 | 米尔顿·科特勒传:奋斗或死亡 | 79.00 | (美) 菲利普·科特勒 |
| 978-7-111-58599-2 | 营销革命4.0:从传统到数字 | 45.00 | (美) 菲利普·科特勒 |
| 978-7-111-61974-1 | 营销革命3.0:从价值到值观的营销(轻携版) | 59.00 | (美) 菲利普·科特勒 |
| 978-7-111-61739-6 | 水平营销:突破性创意的探寻法(轻携版) | 59.00 | (美) 菲利普·科特勒 |
| 978-7-111-55638-1 | 数字时代的营销战略 | 99.00 | (美) 艾拉·考夫曼 (中) 曹虎 王赛 乔林 |
| 978-7-111-66381-2 | 社交媒体营销实践指南(原书第3版) | 69.00 | (德) 马克·奥弗· (美) 菲利普·科特勒 (丹) 斯文德·霍伦森 |

# 推荐阅读

## "隐形冠军之父"赫尔曼·西蒙著作

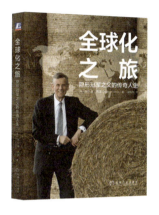

隐形冠军：未来全球化的先锋（原书第2版）
ISBN：978-7-111-63479-9
定价：99.00元
作者：[德]赫尔曼·西蒙（Hermann Simon）
　　　[德]杨一安

全球化之旅：隐形冠军之父的传奇人生
ISBN：978-7-111-68111-3
定价：89.00元
作者：[德]赫尔曼·西蒙（Hermann Simon）

定价制胜：科学定价助力净利润倍增
ISBN：978-7-111-71323-4
定价：69.00元
作者：[德]赫尔曼·西蒙（Hermann Simon）
　　　[德]杨一安

价格管理：理论与实践
ISBN：978-7-111-68063-5
定价：89.00元
作者：[德]赫尔曼·西蒙（Hermann Simon）
　　　[德]马丁·法斯纳赫特（Martin Fassnacht）

# 定位经典丛书

| 序号 | ISBN | 书名 | 作者 |
|---|---|---|---|
| 1 | 978-7-111-57797-3 | 定位（经典重译版） | （美）艾·里斯、杰克·特劳特 |
| 2 | 978-7-111-57823-9 | 商战（经典重译版） | （美）艾·里斯、杰克·特劳特 |
| 3 | 978-7-111-32672-4 | 简单的力量 | （美）杰克·特劳特、史蒂夫·里夫金 |
| 4 | 978-7-111-32734-9 | 什么是战略 | （美）杰克·特劳特 |
| 5 | 978-7-111-57995-3 | 显而易见（经典重译版） | （美）杰克·特劳特 |
| 6 | 978-7-111-57825-3 | 重新定位（经典重译版） | （美）杰克·特劳特、史蒂夫·里夫金 |
| 7 | 978-7-111-34814-6 | 与众不同（珍藏版） | （美）杰克·特劳特、史蒂夫·里夫金 |
| 8 | 978-7-111-57824-6 | 特劳特营销十要 | （美）杰克·特劳特 |
| 9 | 978-7-111-35368-3 | 大品牌大问题 | （美）杰克·特劳特 |
| 10 | 978-7-111-35558-8 | 人生定位 | （美）艾·里斯、杰克·特劳特 |
| 11 | 978-7-111-57822-2 | 营销革命（经典重译版） | （美）艾·里斯、杰克·特劳特 |
| 12 | 978-7-111-35676-9 | 2小时品牌素养（第3版） | 邓德隆 |
| 13 | 978-7-111-66563-2 | 视觉锤（珍藏版） | （美）劳拉·里斯 |
| 14 | 978-7-111-43424-5 | 品牌22律 | （美）艾·里斯、劳拉·里斯 |
| 15 | 978-7-111-43434-4 | 董事会里的战争 | （美）艾·里斯、劳拉·里斯 |
| 16 | 978-7-111-43474-0 | 22条商规 | （美）艾·里斯、杰克·特劳特 |
| 17 | 978-7-111-44657-6 | 聚焦 | （美）艾·里斯 |
| 18 | 978-7-111-44364-3 | 品牌的起源 | （美）艾·里斯、劳拉·里斯 |
| 19 | 978-7-111-44189-2 | 互联网商规11条 | （美）艾·里斯、劳拉·里斯 |
| 20 | 978-7-111-43706-2 | 广告的没落 公关的崛起 | （美）艾·里斯、劳拉·里斯 |
| 21 | 978-7-111-56830-8 | 品类战略（十周年实践版） | 张云、王刚 |
| 22 | 978-7-111-62451-6 | 21世纪的定位：定位之父重新定义"定位" | （美）艾·里斯、劳拉·里斯 张云 |
| 23 | 978-7-111-71769-0 | 品类创新：成为第一的终极战略 | 张云 |